Aldo Rossi
Die Suche nach dem Glück

Frühe Zeichnungen und Entwürfe

Aldo Rossi 1995

Aldo Rossi
Die Suche nach dem Glück

Frühe Zeichnungen und Entwürfe

Herausgegeben von Annette Becker und Ingeborg Flagge

Mit Beiträgen von Morris Adjmi, Alberto Alessi, Carlo Aymonino, Annette Becker, Gianni Braghieri, Kurt W. Forster, Toyota Horiguchi, Vittorio Magnago Lampugnani, Lionello Puppi, Marco Brandolisio, Giovanni da Pozzo, Massimo Scheurer, Michele Tadini

Prestel
München · Berlin · London · New York

Inhalt

6 Vorwort
Ingeborg Flagge

Aldo Rossi zwischen gestern und heute – Essays

10 Aldo Rossi – Eine Skizze
Morris Adjmi

18 Aldo Rossi und das Design
Alberto Alessi

21 Über Aldo Rossi
Carlo Aymonino

26 Lebensfragmente
Gianni Braghieri

32 Ein Mann ging kürzlich hier vorüber…
Kurt W. Forster

42 Aldo Rossi in Japan
Toyota Horiguchi

48 Die Architektur der Stadt als poetische Wissenschaft
Vittorio Magnago Lampugnani

56 Aldo Rossi als Architekturhistoriker und Kritiker
Lionello Puppi

68 Ein Ort für die Architektur
Marco Brandolisio · Giovanni da Pozzo ·
Massimo Scheurer · Michele Tadini

Die Suche nach dem Glück
Frühe Zeichnungen und Entwürfe

76 Aldo Rossis Zeichnungen und Modelle im Deutschen Architektur Museum
Annette Becker

90 Skizzenbuch I (1972–1974)
Entwurf für das Widerstandsdenkmal in Cuneo (1962), Entwurf für das Verwaltungszentrum von Turin (1962), Eisenbrücke im Park der Triennale von Mailand (1964), Rathausplatz und Partisanen-Denkmal in Segrate (1965), Entwurf für eine Wohnsiedlung im Viertel San Rocco in Monza (1966), Entwurf für die Gestaltung der Piazza della Pilotta und des Teatro Paganini in Parma (1964), Wettbewerbsentwurf für das Rathaus in Scandicci (1968), Restaurierung und Erweiterung der Schule De Amicis in Broni (1969/70), Entwurf für die Piazza in Sannazzaro de' Burgondi (1967), Wohnblock im Quartier Gallaratese in Mailand (1969–1973), Entwurf für das Rathaus von Muggiò (1972), Friedhof San Cataldo in Modena (1971–1978), Entwurf für ein Haus (1974), Grundschule in Fagnano Olona (1972), Studien »Zerstörte Architektur« (1974 und 1975), Entwurf für das Pförtnerhaus der Villa in Borgo Ticino (1973)

138 Skizzenbuch II (1978–1980)
Schule in Broni (1979), Cappella Marchesi, Grundschule in Fagnano Olona (1972), Reihenhäuser in Mozzo/Bergamo (1977), Reihenhäuser in Pegognaga/Mantua (1979), Entwurf für einen Turm für das neue Gemeindezentrum in Pesaro (1979)

165 Exponatverzeichnis

170 Biografie

172 Autoren

174 Literatur

Vorwort

»Während ich von diesen Dingen und von den Entwürfen spreche, denke ich wieder daran, meine Architektur und meine Arbeit abzuschließen. Ich habe immer wieder diesen Versuch unternommen. Ich habe auch gedacht, daß der letzte Entwurf wie die letzte zu erlebende Stadt, wie die letzte menschliche Beziehung die Suche nach dem Glück ist. Glück meint hier so etwas wie Frieden – vielleicht das Glück einer kühnen, jedoch endgültigen Unrast. Deswegen verschmolz jedes Bewußtwerden der Dinge mit dem Gedanken, sie abstoßen zu können – eine Art von Freiheit, die in der Erfahrung liegt, gleichsam ein vorgezeichneter Weg, damit die Dinge das richtige Maß erhielten.«

Aldo Rossi in seiner *Wissenschaftlichen Selbstbiographie*, 1981

Das umfangreiche zeichnerische Œuvre Aldo Rossis im Besitz des Deutschen Architektur Museums (DAM) ist bisher nie in einer Ausstellung gezeigt worden. Die eine oder andere Skizze, das eine oder andere Projekt wurde vor allem in den Ausstellungen von Heinrich Klotz publiziert und hat sich eingeprägt. Andere Museen entleihen aus dem Archiv des DAM immer wieder Projekte und Zeichnungen; aber in toto kennt niemand die zeichnerischen Schätze des DAM, zu denen die beiden eindrucksvollen Skizzenbücher gehören.

Rossi nur von seinen Bauten und Projekten her zu sehen wäre falsch. Seine Architekturtheorie ist als Lebensphilosophie zu begreifen. In vielen seiner Zeichnungen, Lithografien und Ölbilder öffnet sich eine eigene Welt. Hier fügen sich Erinnerungsfragmente, Reisebeobachtungen und literarische Bilder am anschaulichsten zusammen. Wie bei kaum einem anderen Architekten zeugen seine meist farbigen Skizzen und Studien von der Fähigkeit, die Vielfalt seiner Gedanken und sein analytisches Sehen zu etwas Neuem zu verbinden.

Rossi gehört zu den meistpublizierten Architekten des 20. Jahrhunderts. Trotzdem dürfte die Ausstellung im DAM dem Besucher noch unbekannte Aspekte eröffnen.

In seiner *Wissenschaftlichen Selbstbiographie* schreibt er 1981, die Beschreibung und die zeichnerische Aufnahme insbesondere antiker Formen erbringe eine sonst unwiederbringliche Kontinuität, aber sie ermögliche auch eine Veränderung. »Sobald das Leben in genauen Formen festgehalten war, ergab sich auch die Möglichkeit ihrer Veränderung. ... Vielleicht interessiert mich in der Architektur allein dies. Denn ich wußte: Was sie möglich macht, ist eine exakte Form, die sich der Zeit entgegenstellt, bis sie von ihr aufgelöst wird – eine Entwicklung, die gegen die Zeit ankämpft. Die Architektur ist eine Form des Überlebens, die der Mensch entwickelt hat. Es ist eine Art, die grundlegende Suche nach dem Glück zum Ausdruck zu bringen.«

Die Ausstellung folgt diesem Weg Aldo Rossis. Gezeigt werden Projekte aus den Jahren von 1965 bis 1986, der wichtigsten Zeitspanne seines Œuvres. Gezeigt werden Skizzen und Pläne, Modelle und Fotografien und die Adaption dieser Projekte durch den Architekten selbst – die Skizzenbücher.

Ergänzt wird die Ausstellung durch die teilweise sehr persönlichen Erinnerungen in diesem Buch. Sie zeigen neben dem bekannten Architekten Aldo Rossi auch den Freund, den Kollegen, den Lehrer, den Anreger und Herausforderer sowie den Zeichner und Designer.

Das DAM bedankt sich für die Förderung dieser Ausstellung bei Bilfinger Berger Projektentwicklung, bei Joachim Franzke, Architekt in Frankfurt, und bei der Gesellschaft der Freunde des DAM. Danke auch an die Kuratorin des DAM, Annette Becker, für die Recherche zur Vorbereitung der Ausstellung und ihre Durchführung.

Ingeborg Flagge
Direktorin des Deutschen Architektur Museums in Frankfurt/Main

Die Zitate sind aus Aldo Rossis *Wissenschaftlicher Selbstbiographie* wiedergegeben nach der Berner Ausgabe von 1991, siehe S.140 und S.11f.

**Aldo Rossi zwischen
gestern und heute**

Essays

Aldo Rossi – eine Skizze

Morris Adjmi

Als man mich bat, meine persönlichen Erinnerungen an Aldo Rossi zu schreiben, dachte ich zunächst, ich könnte ein klares Bild dieses Mannes zeichnen. Da ich recht viel Zeit mit Aldo verbracht habe, erschien mir ein persönlicher Bericht die angemessene Art und Weise, ihn zu würdigen und zu beschreiben, damit die Menschen auch seine Persönlichkeit schätzen lernen. Es schien mir darüber hinaus ein guter Weg für die Bewunderer seines Werks, Einblick in sein Wesen und seinen Charakter zu gewinnen. Letztlich habe ich jedoch keine Möglichkeit gefunden, meine Gefühle für ihn in einer rein persönlichen Beschreibung auszudrücken.

Aldos Beziehung zu seinem Werk war seine Beziehung zum Leben. Daher werde ich versuchen, eine Charakterskizze zu zeichnen, die von seiner Sichtweise der Architektur ausgeht.

Geschichte · Erinnerung · Analogie

Der grundlegendste und wesentlichste Teil von Aldos Werk ist getragen von seinem Vertrauen in Geschichte. Um seinen Umgang mit Geschichte zu verstehen, wie sie sich in seinen Arbeiten manifestiert, bieten sich seine eigenen Worte an: »Ich kann nicht postmodern sein, da ich niemals modern war.« Diese Feststellung ist insofern sehr interessant, als sie Aldos Werk von anderen absetzt und zugleich in die Architekturgeschichte einbindet. Indem Aldo die Moderne ablehnte, knüpfte er mit seinen Arbeiten an alles vor der Moderne an. Er lehnte die Postmoderne ab, weil sie für ihn zusammenhanglos und nichts sagend war. Während der Arbeit an einem Projekt am Institute for Architecture and Urban Studies in New York, an dem Aldo unterrichtete, schlug ich eine Lösung mit einigen losen klassischen Elementen vor. Aldo war wütend und rief: »Du weißt nichts über klassische Architektur, und du bist aus New Orleans.« Hierauf erklärte er mir, ich hätte zwei Möglichkeiten: entweder die Verwendung klassischer Ordnungen (egal welche) als Zitat – genau und präzise – oder die Verwendung einer modernen Form ohne historischen Bezug oder Stil. Sein Umgang mit Geschichte war modern und absolut – schwarz oder weiß.

Erinnerung und Geschichte sind eng miteinander verknüpft. Für Aldo ging Erinnerung über Geschichte hinaus. So wie sich Geschichte in der physischen

Studie für die Grundschule
in Fagnano Olona,
Pastell, 1972

Form von Gebäuden manifestiert, verbindet Erinnerung die abstrakten metaphysischen Aspekte der Architektur mit den wesentlichen Symbolen der Menschheit. Und genau diese Erinnerungen erfüllen die Architektur (und alle Formen der Kunst) mit universeller Bedeutung. Die Erinnerung kann ein Gebäude allein schon durch Spuren auf dem Grundstück oder innerhalb des urbanen Kontextes und auch mit Formen beeinflussen, die an traditionelle oder universelle Symbole erinnern. Als Aldo 1990 den Pritzker Architecture Prize erhielt, sprach er über Palladio und dessen Einfluss auf die Architektur. Palladios Einfluss verbreitete sich von Venetien nach England, Russland und schließlich nach Amerika. Die Erinnerung an die ursprünglichen, kanonischen Formen bekam mit jedem Schritt über die Grenzen eine neue Bedeutung.

Band Aldo mit Hilfe von Geschichte und Erinnerung seine Arbeiten an spezifische Augenblicke, Orte oder Personen, so ermöglichte es ihm die Analogie, dass sich seine Formen der Zeit widersetzten und spezifischen Bezügen verweigerten. Die Verwendung von analogen Formen brachte seine gebauten Objekte in Zusammenhang mit universellen Symbolen und Bildern. Eine Planung mit diesen formalen Elementen bezog die Grundformen von Gebäuden mit ein – Kuppeln, Säulen, Arkaden, Giebel – wie auch Skelette, Pferde und Kannen. Seine Architektur besaß eine rationale Strenge, aber diese formalen Elemente waren erfüllt von einer metaphysischen und manchmal auch irrationalen Präsenz. Ich erinnere mich an eine Fahrt zum Friedhof von Modena, als der Kubus gerade gebaut wurde. Ich begleitete Aldo und Gianni

Studie für den Wohnblock Gallaratese
in Mailand, Aquarell, 1973

Die kopernikanische Stadt,
Collage, 1973

Braghieri zu ihrem Besuch der Baustelle, bei dem sie die Entscheidung über das endgültige Material für den Kubus treffen mussten. Ursprünglich war ein Kubus aus Ziegelsteinen geplant gewesen, um jedoch die Kosten im Rahmen zu halten, sollte er nun verputzt werden. Nach vielen Diskussionen erklärte Aldo sich einverstanden. Später meinte er, dass der rote Stuckputz noch metaphysischer sei, da sich darin keine Details und Größenverhältnisse ausdrückten. Er mochte den kraftvollen Ausdruck von Struktur, Farbe und vor allem von Schatten.

Fragment · Typologie · Wiederholung

Aldos Fragmente waren Andenken an sein Leben. Seine persönlichen Erfahrungen, Teile von Orten oder Gebäuden wurden in seinen eigenen Formenlandschaften neu zusammengestellt. Bei einem Spielfilm begann Aldo immer gerne erst irgendwo in der Mitte und schaute den Anfang erst nach dem Ende an, wenn möglich tat er das sogar am liebsten. Er mochte das Versetzen von Handlung und Zeit. Aus demselben Grund, meine ich, baute er Teile seines Lebens in seine Projekte ein – etwas von Hoppers New York in Berlin, von italienischen Piazzas in Florida, von deutschen Türmen in der italienischen Seenlandschaft. Wir erkennen diese Elemente in den Zeichnungen und als gebaute Formen. Wir erkennen, wie Teile einer Stadt oder eines bestimmten Projekts in neuen Projekten oder Zeichnungen wiederkehren, bis sie zum integralen Bestandteil seines Gestaltungsrepertoires wurden.

Ohne Titel, Tusche, 1983

*La finestra del poeta a N.Y.
con la mano del santo*,
Tusche und Filzstift, 1978

War das Fragment der Weg, mit dessen Hilfe er tagtägliche Erfahrungen in seine Projekte integrierte, so war die Typologie die Art und Weise, wie er die kollektiven Erfahrungen der Gebäudemorphologie einband. Durch das Vorhandensein von Typen sind Gebäude mit dem Erbe ihrer Region und mit der Geschichte eines speziellen Gebäudetypus verbunden. Aldos klar durchdachte Gebäude spiegeln generische Gebäudetypen wider. Auf diese Weise steht die gebaute Form sofort in einem historischen Kontext. (Man denke nur an die Fotoserien von Bernd und Hilla Becher.) Aldo entschied sich auch dafür, alle unwesentlichen Elemente zu entfernen, um Gebäude zu schaffen, die Prototypen sind. Für ihn waren seine Gebäude reine Typen, die Form folgte nicht der Funktion, sondern die Form folgte dem Typus.

Betrachten wir Aldos gebautes und gezeichnetes Werk, erkennen wir, wie sich Formen und Bilder ständig wiederholen. Wiederholung war ein grundlegendes Element seiner Architektur und seines Arbeitsprozesses. Denke ich an Aldo, denke ich an lange Gebäude, punktartig durchbrochen von quadratischen

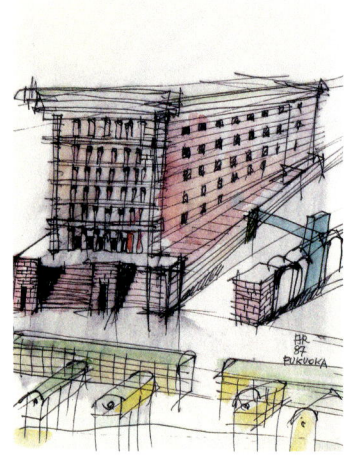

Studie für Fukuoka,
Tusche und Filzstift, 1987

Ohne Titel, Lithografie, 1990

Fenstern, Säulen und Öffnungen, an übereinander gestaffelte Dächer – Wiederholung und noch mehr Wiederholung. Seine Zeichnungen waren immer voll ähnlicher Bilder – Giebel, Strandkabinen, Kaffeetassen, Hände von Heiligen, Figuren, die aus Öffnungen herausschauen, Pyramiden und konische Türme. Diese Formen und die Überarbeitung dieser Formen versetzten Aldo in die Lage, an seiner Vision immer wieder neu zu arbeiten. Dazu passt auch, dass er den Menschen, die ihm nahe standen, immer wieder dieselben Geschichten erzählte. Sein Sohn Fausto und ich sprachen häufig darüber, wie oft wir ein und dieselbe Geschichte schon gehört hatten. Es war ohne Bedeutung, wie oft er eine wichtige Geschichte erzählte. Er konnte jedes Mal wieder neu und spannend erzählen. Letztlich war nicht das Material wichtig, sondern der Prozess.

Platonische Formen · Schatten · Farben
Die Formen aus Aldos Gestaltungsrepertoire könnte man als ›platonisch‹ bezeichnen. Dies gilt vielleicht nicht im wörtlichen Sinne, aber die Verwendung von grundlegenden Raumformen wie Kubus, Kegel und Zylinder steht für

Aldos Vorliebe für geradlinige und ehrliche Objekte und Elemente. Seiner Ansicht nach sollte man einem Gebäude seine Baustruktur ansehen. Er erzählte gerne die Geschichte eines Professors, der seine Arbeiten kritisierte, weil sie aussähen wie die eines Steinmetzen. Sehr zum Leidwesen des Professors betrachtete Aldo dies als größtes Kompliment. Aldo kaufte eine Villa am Lago Maggiore. Er mochte die bodenständige und schnörkellose Bauweise. Eine Sache störte ihn, und er entfernte sie auch als Erstes. Es war ein Balkon, der sehr weit auskragte. In seinen Augen wurde das Auskragen seinem Anspruch an Architektur nicht gerecht. Der Balkon störte ihn nicht aus stilistischen Gründen, sondern weil er den Gesetzen der Schwerkraft zu widersprechen schien.

Aldo arbeitete sehr gerne mit betonten Schatten. Durch Schatten gewannen seine Arbeiten zusätzlich an Tiefe, Melancholie und geheimnisvollem Ausdruck. Er setzte Schatten bei seinen Gebäuden wie Baumaterial ein. Er konnte damit etwas schaffen, das sowohl konkret und doch metaphysisch war. Betrachtet man seine Gebäudeskizzen, erkennt man ein sorgfältig austariertes Gleichgewicht von Licht und stark herausgearbeiteten Schatten. Die Gemälde von De Chirico und die neorealistischen Filme aus Italien beeinflussten seine Verwendung von Schatten. Tatsächlich sagte Aldo einmal, wäre er nicht Architekt geworden, hätte er sich für den Beruf des Filmemachers entschieden. Er war ein passionierter Filmliebhaber, dem zunächst einmal alle Spielfilme gefielen, von den dunklen russischen Filmen über die lustigen französischen

Studie für die Piazza des Verwaltungssitzes der Walt Disney Corporation
bei Orlando/Florida, Tusche und Filzstift, 1991

Ohne Titel, Mischtechnik, um 1995

Filme bis hin zu den Kassenschlagern Hollywoods. Ich nahm ihn einmal mit in *Blue Velvet*, der zu einem seiner Lieblingsfilme wurde. Er war fasziniert von dem geheimnisvollen Unterton einer scheinbar gewöhnlichen Landschaft.

Aldos Arbeiten waren voller Metaphern und voller Bedeutung. Farbe war für ihn dabei ein wichtiges Gestaltungsmittel. Die Bedeutung von Farbe ist tief in der Architektur und in der Theorie verwurzelt. Alle seine himmelblauen Dächer, gelben Wände, roten gemauerten Pfeiler, mit Kupfer verkleideten Gesimse und grünen Fensterrahmen hatten ihre Wurzeln in Aldos Leben und erhielten dadurch ihre Bedeutung. Die fast kindliche Verwendung dieser Rossi-Farben steht damit im Widerspruch zu ihrer komplexen Herkunft. Die meisten dieser Farben haben einen direkten Erfahrungshintergrund. Die Wurzeln sind sehr unterschiedlich und vielschichtig: Himmelblau (die himmlische Madonna) geht zurück auf seine katholische Erziehung, gelbe Wände und rote Ziegelsteine finden sich überall in der lombardischen Architektur seiner Heimat, mit Kupfer verkleidete Gesimse entdeckte er bei seinem ersten Besuch in Amerika, und grüne Fensterrahmen sind so typisch und universell wie seine perfekten vierteiligen quadratischen Fenster.

Wie wichtig ihm Farben waren, spiegelt sich auch in seiner Begeisterung für Goethes *Farbenlehre* wider. In Goethes ›wissenschaftlichem‹ Ansatz fand er den tieferen Sinn und die Erklärung der Farben. Er liebte die Beschreibung von Blau als Farbe der Schönheit und der Traurigkeit.

Studie für ein Gebäude am Broadway, Aquarell, 1997

Wenn ich versuche, mich an ein Ereignis oder einen Aspekt von Aldos Persönlichkeit zu erinnern, bei dem seine Einstellung zur Architektur zum Ausdruck kommt, denke ich an seine Begeisterung für Sushi. Wenn er für eine Woche nach New York kam, aß er fast jeden Tag mittags und abends Sushi. (Er selbst hätte es jeden Tag gegessen, aber die meisten Menschen um ihn herum konnten da nicht mithalten.) Für ihn war Sushi Sinnbild für den inneren Zwang, das Ritual, die perfekte typologische Präsentation, die Farbe, die Einfachheit und Komplexität, die Geschichte und die kulturellen Implikationen. Alles Dinge, geschaffen für einen Mann, der genau diese Werte in sein Werk einbrachte.

Aldo Rossi und das Design

Alberto Alessi

Ich habe Aldo Rossi 1980 kennen gelernt, als ich ihn auf Anraten von Alessandro Mendini bat, für Alessi ein Tee- und Kaffeeservice für Tea & Coffee Piazza zu entwerfen. Ich erinnere mich noch sehr gut an seinen ersten Besuch in Crusinallo: Er schien zurückhaltend, verschlossen und vielleicht auch etwas misstrauisch gegenüber der Welt der Industrie, die er gerade betrat – er, der Akademiker, der Mann der Universität, der Bücher und der theoretischen Forschung. Es war ein Nachmittag im März. Irgendwann öffnete er, schüchtern und mit einer gewissen Zurückhaltung, einige Skizzenbücher mit Entwürfen für Kaffeekannen und andere Objekte rund um das Thema Kaffee: Mir öffnete sich eine neue, wunderbare, zauberhafte Welt. Die Skizzen unterschieden sich sehr stark von denen, die ich damals gewöhnlich zu sehen bekam. Sie schienen mir sehr viel innovativer und gewagter als alles, was ich bis dahin gesehen hatte, aber auch antiker, sozusagen archetypisch. In jenen Skizzenbüchern waren im Kern alle Objekte enthalten, die wir dann in den folgenden zehn Jahren herstellen sollten: die Espressokocher La Conica und La Cupola, der Wasserkessel Il Conico, der Kochtopf La Cubica, die Zuckerdose und die Milchkanne ... Die aufrichtige Begeisterung, die ich für die Skizzen zeigte, machte ihn mir zum Freund.

Aldo liebte wie ich die Seen, jene geschlossene und romantische, irgendwie germanische Atmosphäre[1], wie sie für die piemontesischen und lombardischen Seen typisch ist. Er hatte viele Jahre an dem kleinen Mergozzo-See gelebt, wo seine Frau von ihrem Onkel Paolo Sala, einem Landschaftsmaler, eine Villa geerbt hatte. Ende der achtziger Jahre kam er dann auf die Idee, ein Haus hier an den Seen zu kaufen, und ich war ihm bei der Suche behilflich. Ich begleitete ihn bei der Besichtigung alter Villen, es war sozusagen ein gemeinsames Villa-Watching-Spiel, das uns monatelang beschäftigte und begeisterte. Ich wollte ihn dazu bringen, ein Haus am Orta-See zu kaufen, den ich besonders liebe und an dem ich wohne. Eine Zeit lang schloss er sich dieser Idee an, und dabei durchquerten wir, auch bei eisiger Januarkälte, den See in seiner ganzen Länge und Breite mit einem Ruderboot. Dann entschied er sich ganz plötzlich für den Lago Maggiore und kaufte eine Villa in Ghiffa, nahe der Grenze zur italienischen Schweiz. Die Villa war nicht übermäßig schön und von Mailand aus unbequem zu erreichen. Im unterirdischen Gewölbe dieser Villa wollte er begraben werden, sozusagen vom See umspült.

Komposition aus Architekturen und Kaffeekannen,
Skizzenbuch, Texas / USA, 1983/84

Die Heimkehr von der Schule, Skizzenbuch, Texas / USA,
1983/84

Sein Design-Ansatz war sehr persönlich und, wie ich meine, typisch für Architekten, die anders vorgehen als Industrie-Designer. Er legte uns keine präzisen und maßgenauen Zeichnungen vor, sondern Skizzen, die sehr poetisch und gewollt unpräzise waren. Ich erinnere mich, wie mein Onkel Ettore, der damals unser technischer Direktor war und der mit den Designern nicht gerade sanft umging, loslegte: »... also, Herr Architekt, können Sie uns keine Zeichnungen mit Maßangaben vorlegen, wie es sich gehört, statt dieser Skizzen?« Es war das einzige Mal, dass ich Aldo wütend werden sah. Er bot Onkel Ettore die Stirn und antwortete, wenn wir präzise Zeichnungen haben wollten, sollten wir zu Zanuso gehen, nicht zu ihm. Ich muss noch hinzufügen, dass Onkel Ettore es verstanden hat, nach jenem peinlichen Zwischenfall sein Gesicht zu wahren. So verglich er in der folgenden Sitzung die Skizzen Aldos

Komposition aus Architekturen und Kaffeekannen, 1984

Espressokocher La Cupola und seine Ableitung aus der architektonischen Form, 1987

mit den Zeichnungen Giorgio Morandis, und diese Worte verfehlten nicht ihre Wirkung auf Aldo. In der Folge pflegten die beiden regelmäßigen Umgang miteinander, der seinen Höhepunkt darin fand, dass Rossi die Villa meines Cousins Stefano in Suna entwarf.

Wie es scheint, gilt Rossi als der größte italienische Architekt der zweiten Hälfte des 20. Jahrhunderts, doch hatte er seltsamerweise, als er Anfang der achtziger Jahre mit dem Design begann, wenig Gelegenheit gehabt, zu bauen. Er beklagte sich hierüber mir gegenüber; er sagte, er werde als Jurymitglied zu internationalen Wettbewerben gerufen, während er sich doch so sehr wünschte, man würde ihn mit Entwürfen für echte, gebaute Architektur beauftragen! Ich möchte aber betonen, dass Aldo, der im Design des ausgehenden 20. Jahrhunderts so starke Spuren hinterlassen hat, Design immer als Hobby praktiziert hat, denn seine wirkliche Leidenschaft war sein Leben lang die Architektur. Und doch war es das Design, das ihn wirklich bekannt und populär machte und ihn dazu brachte, in den achtziger und den neunziger Jahren, in einem für ihn zu kurzen und zu intensiven Zeitabschnitt, überall in der Welt poetisch zu gestalten.

1 Wörtlich: »gotische Atmosphäre«, Anm. d. Übers.

Über Aldo Rossi

Carlo Aymonino

Kennen gelernt haben wir uns bei der ersten internationalen Konferenz der Architekturstudenten, die vom 15. bis 21. April 1954 in Rom stattfand. Ich war einer der Referenten, er gehörte zur Delegation der Mailänder Studenten. Kaum hatte ich meine Einführung beendet, kam er zu mir und gratulierte mir: »Ich bin Aldo Rossi, vom Politecnico in Mailand. Kompliment für deinen Vortrag. Und erst recht für deine Ausführungen zum Neoklassizismus in Mailand.« So begann unsere lange Freundschaft.

Aldos Unterstützung ist es zu verdanken, dass ich vom Direktor der Zeitschrift *Casabella Continuità*, Ernesto Nathan Rogers, als eine Art Korrespondent aus Rom betrachtet wurde. In Nummer 239 vom Mai 1960 überschrieb Aldo in großer Aufmachung mein (nicht prämiertes) Projekt zum Wettbewerb für die Nationalbibliothek in Rom: »Endlich Architektur, lieber Carlo«.

1964 wurde ich von Giuseppe Samonà, Direktor des Istituto Universitario di Architettura in Venedig, auf den Lehrstuhl für Gebäudelehre berufen. Ich wollte sofort Aldo als Assistenten, der begeistert zusagte. 1966 wurde er Assistent in fester Anstellung, 1970 wechselte er dann zum Politecnico di Milano.

In dieser Zeit gaben wir als Nachweis für unsere Arbeit eine Reihe von Veröffentlichungen heraus, vor allem *La città di Padova*[1], eine 526 Seiten umfassende Untersuchung zur Urbanistik, die in der von Manfredo Tafuri herausgegebenen Architekturreihe erschien. Es war ein für unsere Lehrveranstaltungen sehr wichtiges Buch. Aldo schrieb den sehr schönen Aufsatz *Caratteri urbani delle città venete*, ich selbst *Lo studio dei fenomeni urbani*.

Zusammen haben wir uns weitergebildet, wenngleich in den jeweiligen Verschiedenheiten (geeint durch die Architektur, getrennt durch die Architekturen)

Ich erhielt von Aldo im Laufe von 25 Jahren, von 1960 bis 1985, zahlreiche Briefe.[2] Besonders einer hatte es mir angetan:

»Lieber Carlo, Danke für deinen Brief. Der Tod meines Vaters war einer der größten Schmerzen meines Lebens: Seit zwei Jahren war er schwer krank, aber gerade deshalb – und in der Gewissheit, sterben zu müssen – hatte er eine Beziehung geschaffen, die das Leben, wie es scheint, nicht zu schaffen imstande war. Nun habe ich das Gefühl, ganze Jahre mit dem einzigen Menschen, den ich liebte, vergeudet zu haben. Und dies erfüllt mich mit Schmerz und Reue. Entschuldige diese persönlichen Gedanken. Ich habe aber tatsächlich einen (oder zwei) sehr schwierige Monate hinter mir: Hinzu kommt seit einer Woche eine Bronchitis oder weiß Gott was es ist, das mich ans Bett fesselt. Amen. Was du mir von Venedig berichtest, klingt interessant. Das Einzige, was ich nicht verstehe, ist der Umfang (und damit die Modalitäten) unserer Mitwirkung am Projekt Gardellas und Pastors: Das sollte klar und deutlich festgehalten werden. Natürlich bin ich sehr zufrieden, wenn die Arbeiten weitergehen, vor allem wäre ich glücklich, wenn ich mich irgendwie einbringen könnte, um die Arbeit von Padua ›auf die Beine zu bringen‹. Den Brief an Gardella konnte ich aus den oben genannten Gründen nicht lesen und mit ihm diskutieren: Ich hoffe, dass noch in dieser Woche das verdammte Fieber verschwindet und dass ich wieder aufstehen kann. … Im Übrigen habe ich große Lust, nach Venedig zurückzukehren; wenn ich Bilanz ziehe, scheint mir, dass wir dort eine ganze Menge in einer optimalen Atmosphäre erreicht haben. Ich hoffe sehr, dass wir das fortsetzen können. Bis bald. Ciao. Aldo. Mailand, 26. September 1965.«

Aufgrund meiner in Rom genossenen Ausbildung war ich oberflächlich – ich schaute, reiste, zeichnete, – studierte aber relativ wenig. Im Istituto Universitario di Architettura di Venezia habe ich gelernt, mich intensiv mit den verschiedenen Fragen – Philosophie, Sprache, Kritik – zu beschäftigen und die Orte, die Entwürfe, die Bauten zu zerlegen. Ich bin reifer geworden. Dank Aldo haben wir die Theorie der ›Beziehung zwischen Gebäudetypologie und Stadtform‹ entwickelt, die wir, natürlich auf persönliche Weise, auf unsere Architektur angewandt haben.

Im November 1967 schlug ich Aldo vor, am Projekt des Mailänder Quartiers Gallaratese mitzuwirken. Aldo verpflichtete sich, die bürokratischen Formalitäten bei den städtischen Ämtern zu erledigen, und im Gegenzug bot ich ihm an, einen Block des Komplexes innerhalb der von mir aufgestellten Planungen zu entwerfen. Trotz unserer inzwischen zehnjährigen Freundschaft, die durch ein festes Bündnis im Lehrbereich besiegelt war, war dies unser erstes Experiment der Zusammenarbeit bei einem Projekt.

Bei der Präsentation des realisierten Gallaratese-Wohnhauskomplexes in vielen Teilen der Welt wurde ich immer wieder gefragt, warum ich diese Wahl getroffen hatte. Ich antwortete stets, ich sei unfähig, ein dreistöckiges Gebäude von 150 Metern Länge und 10 Metern Breite zu planen. In Wirklichkeit war es auch eine Entscheidung, die dem Wunsch entsprang, die Vielfältigkeit, die Unterschiedlichkeit, den Konflikt in der Architektur zu berücksichtigen. Mit einem Wort: die Stadt.

Die zahlreichen Bilder des Gallaratese, die seit 1975 bis heute, also seitdem die Gebäude bewohnt sind, veröffentlicht wurden, haben alle – obwohl sie in unterschiedlichen Jahreszeiten und zu unterschiedlichen Tageszeiten aufgenommen wurden – eines gemeinsam: eine ungewöhnliche Menschenleere. Dies schafft eine nahtlose Verbindung zu den Zeichnungen, als ob kein

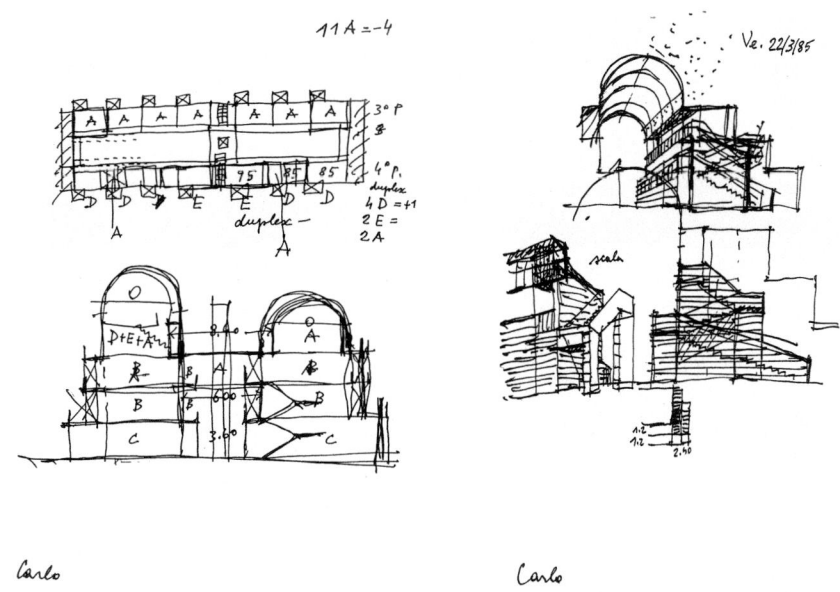

Carlo Aymonino, Entwurfsskizzen zum Wohnhaus auf dem Campo di Marte,
Giudecca, Venedig, 1985

Entwurfsskizzen zum Wohnhaus auf dem Campo di Marte »LE CASE DELLA GIUDECCA«,
Giudecca, Venedig, 1985 (nicht datiert)

Unterschied zwischen Entwurf und Wirklichkeit bestünde. Die problematische Verknüpfung, die zwischen Darstellung und Wirklichkeit entstanden ist, wurde schon sehr früh von Rossi erahnt, der bereits 1974 schrieb: »… die zahlreichen Abbildungen in den Zeitschriften der ganzen Welt, die positiven oder negativen Kritiken, selbst die Kopien und die Wiederholungen, haben eine Vorstellung erzeugt, die von der materiellen, baulichen Realität quasi unabhängig ist«.

Die Abwesenheit von Menschen ist geradezu beunruhigend, handelt es sich doch um Orte, die architektonisch für das Zusammenleben gedacht und geplant wurden: das Amphitheater, die beiden dreieckigen, terrassenförmig angelegten Plätze, der Hof-Platz, die verstreuten Reihen von Portiken, die ringförmige Galerie, an der die Geschäfte, leeren und vergitterten Augenhöhlen gleich, angeordnet sind. So entsteht das Bild einer Welt, die nach beendeter Ausstellung fotografiert wurde. Andererseits lassen die streng eingezäunten Grünflächen – die Rosenhecken, die kompakten Rasenflächen, die noch jungen Pflanzenstauden, die Spielgeräte für Kinder – eine professionelle Sorgfalt und gleichzeitig die bewusste Urbanität ihrer Nutzer erkennen. Der Außenputz von Rossis Gebäude, auch wo er in weißer Farbe gehalten ist, zeigt nur die von Feuchtigkeit hinterlassenen Spuren. Obwohl er dazu einlädt, trägt er keine Schriften, keine Graffiti; es fehlen also die Beschimpfungen oder Wünsche zum Ausdruck bringenden fragmentarischen Ideogramme, die seit jeher die Mauern in den Städten bedecken, grafische Chiffren einer primitiven, aber machtlosen Aneignung. Die Fußwege, auch dort, wo sie in die verborgensten Winkel der Architektur führen, tragen nicht die Spuren jenes Großstadtvandalismus, der die Instandhaltung der neuen Wohnviertel, in Italien wie anderswo, so schwierig gestaltet. Man denke an Thames Mead, das gleich nach seiner Fertigstellung zum vandalismusgeschädigten Schauplatz von Kubricks Film *A Clockwork Orange* wurde. Die einzige Veränderung, die das ›Leben‹ an den intakten architektonischen Formen vorgenommen hat, ist das leuchtende Gewirr amerikanischer Reben, das den Ostzylinder – den Treppenaufgang und einen Teil des gemauerten Aufgangs am Südende – des Gebäudes A2 umrankt. Auf diese Weise vermitteln die Gebäude die beeindruckende Festigkeit uralter Bauwerke, wodurch sie mit der Atmosphäre der Welt der Archäologie assoziiert werden (die Trajansforen, Ostia Antica, die Villa Adriana, Pompeji), die den Planern die Spuren der Morphologie geliefert hat: Eine solche Situation bringt offensichtlich, wenn nicht Liebe, so doch einen gewissen schüchternen Respekt vor diesen architektonischen Formen mit sich, die so aggressiv fotografiert wurden. »Prosaischer ausgedrückt, bringt sie hohe Betriebskosten mit sich, die sich vielleicht mit dem Bewusstsein von einem Besitz erklären lassen, der dank des formalen Werts einen ungeahnten Gewinn an Qualität erfährt.«[3]

Ein weiterer Wettbewerb, an den ich mich gern erinnere, ist der für den Campo di Marte in Venedig im Jahr 1987, bei dem wir zusammen mit Álvaro

Carlo Aymonino bei Aldo Rossi in der
Via Maddalena 1, 1988

Carlo Aymonino, Aldo Rossi und Sachim Messaré vor
dem im Bau befindlichen Wohnblock Gallaratese, 1970

Siza und Rafael Moneo prämiert wurden. Da es sich um eine bescheidene Aufgabe handelte (zwei Wohnhäuser), schlugen wir damals dem Auftraggeber vor, in Gemeinschaft zu arbeiten, ich die beiden unteren Stockwerke, Aldo die beiden oberen. Es wäre amüsant gewesen und etwas absolut Neues. Unser Vorschlag wurde abgelehnt, und heute sind die beiden Häuser, meines und das von Aldo, im Stadtviertel Giudecca gebaut. Wollte man einen absurden Vergleich zwischen diesen beiden Häuschen und dem großen Quartier Gallaratese anstellen, so fällt auf, dass die Rollen hinsichtlich der Farben und Formen vertauscht sind. Das Haus von Aldo ist farbig und hat ein hohes gewölbtes Dach, das meinige ist ganz hell und hat ein Flachdach. Geheimnisse des architektonischen Schaffens!

1 Carlo Aymonino (Hrsg.) u. a., *La città di Padova. Saggio di analisi urbana*, Rom 1970.
2 Den ersten von Aldo Rossis 68 Briefen erhielt Carlo Aymonino am 30. Januar 1960, den letzten am 12. Mai 1985. Die Briefe Rossis an Aymonino befinden sich im Archiv Aymonino in Rom, während Aymoninos Briefe an Rossi im The Getty Research Institute for the History of Art and the Humanities, Los Angeles, aufbewahrt werden.
3 Claudia Conforti, *Il Gallaratese di Aymonino e Rossi, 1967–1972*, Rom 1981.

Lebensfragmente

Gianni Braghieri

Ich möchte mir Aldo Rossi und die lange Zeit in Erinnerung zurückrufen, in der wir gemeinsam bemüht waren, über unsere Rolle als Architekten zu reflektieren sowie darüber, wie wir die Aufgabe Architektur angehen wollten. Mit diesem zweifellos autobiografischen Bericht möchte ich die Atmosphäre wiedergeben, die im Mailänder Studio in der Via Maddalena herrschte.

Die Jahre von 1967 bis 1986 waren die wichtigsten Jahre meines Lebens. Es waren die Jahre des Studiums, der Suche nach einem kulturellen Bezugspunkt für meine berufliche Ausbildung, die Jahre des Arbeitens und des Bauens.

Jeder von uns erlebt auf seinem Bildungsweg eine Phase, in der er einen ›Meister‹, einen Menschen braucht, an den er glaubt und dem er seine intellektuellen Fähigkeiten anvertrauen kann.

1967, in der Zeit der studentischen Selbstverwaltung der Fakultät für Architektur in Mailand, hatte ich das Glück, den Professor für Architektonische Gestaltung selbst wählen zu können. Nach vertiefenden Lektüren (1966 war gerade *Die Architektur der Stadt* erschienen) fiel die Wahl auf Aldo Rossi.

Gleich nach dem Abschlussexamen nahm ich die Arbeit in seinem Studio auf, denn ich hielt es für besser, meine Kenntnisse und Studien in der Werkstatt zu vertiefen, statt sofort die akademische Tätigkeit als Assistent aufzunehmen. Es waren die fruchtbarsten und vielleicht wichtigsten Jahre im Schaffen Aldo Rossis. Wir haben den Wettbewerb für den neuen Friedhof in Modena (1972) gewonnen, vielleicht das profundeste Werk Rossis, und danach, bis 1986, fast

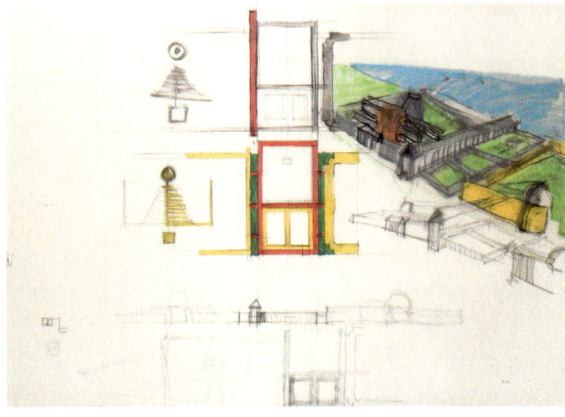

Entwurfsstudie zum Friedhof San Cataldo in Modena mit verschiedenen Grundriss-Skizzen und Ansichten, Bleistift, Ölkreide, Filzstift auf Transparent

Perspektivische Aufsicht der Gesamtanlage mit angrenzendem jüdischen Friedhof und einem weiteren neoklassizistischen Friedhof daneben, Aquarell, Tusche, Spritztechnik auf Transparentpapier

Die stark schematisierte Ansicht des zentralen Mittelkörpers zeigt die in Richtung Konus kontinuierlich höher werdenden Grabhäuser, Bleistift auf Transparent

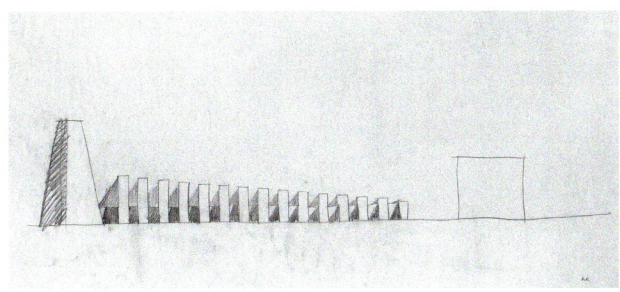

Studienblatt mit vier Grundrissen (o. l. Grundschule Fagnano Olona, o. r. Friedhof San Cataldo, unten zwei Varianten zu Fagnano Olona), daneben Fischykelett
Tusche, Filzstift, Ölkreide auf Papier

alle Projekte und Wettbewerbe und die ersten Realisierungen. In diesen fünfzehn Jahren haben wir, was den Beruf angeht, sehr wenig gearbeitet. Stattdessen brachten wir ganze Tage, Wochen und Monate damit zu, unser Leben zu konstruieren und zu verfeinern, er als Meister und ich als sein Schüler.

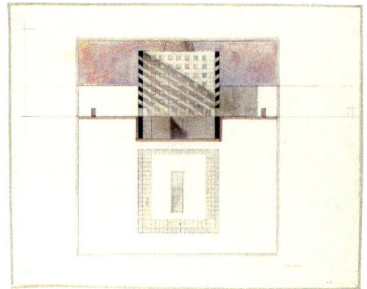

Schnitt mit Lichteinfall und Grundriss
des Kubus (Beinhaus),
Filzstift, Bleistift, Tusche und Kreide
auf Transparent, 1971

Gianni Braghieri, So genanntes Gänsespiel, kombinierte Darstellung
aus perspektivischer Aufsicht, Ansichten und Grundrissdetails,
mit Tusche, Ölkreide und farbigen Lasuren kolorierte Lichtpause,
1973

Ich hörte ihm stundenlang zu, wie er aus Literatur, aus Filmen und Theaterstücken zitierte. Wir erzählten uns unsere Erfahrungen, unsere Liebesgeschichten, unsere Verzweiflungen. Wir redeten viel über Küche, nicht viel über Politik, fast nie über Frauen, sehr viel über Autos, aber vor allem über unsere gleichaltrigen Kinder, die heranwuchsen und dabei waren, sich zu formen. Oft verbrachten wir die Nachmittage im Kino, immer in kleinbürgerlicher Sorge, entdeckt zu werden, und mit einer gewissen Scham, diese Kinobesuche könnten nicht zu unserer Rolle als Intellektuelle passen.

Gezeichnet haben wir nie während unserer Gespräche, denn unsere Konzentration und unser Engagement waren ehrlich und tief gehend. Die Entwürfe entstanden am Tisch ohne große Diskussionen, als wären sie die logische Folge einer Argumentation oder die Vertiefung eines Dialogs. Die erste Zeichnung haben wir mit wenigen Worten und wenigen Zeichen gemeinsam verfeinert; sie war sofort definitiv. Bei jedem Entwurf änderte sich die Technik der Darstellung, und wir experimentierten, um das Bild zu finden, das am besten zu dem Sinn passte, den wir wiedergeben wollten. Nie haben wir eine Zeichnung und erst recht nicht einen Entwurf bereut. Nie haben wir gesagt: Es wäre besser gewesen, wenn … , wie es auch in der *Wissenschaftlichen Selbstbiographie* zu lesen ist: »Ich habe die Veränderung stets als ein Merkmal von Dummköpfen betrachtet, die in Mode gekommen sind. Eine Art von Inkonsistenz: wie jene, die sich selbst als ›modern‹ oder ›zeitgenössisch‹ deklarieren.«[1] […] »Der Zwang zur Wiederholung kann ein Mangel an Hoffnung sein, aber jetzt kommt es mir vor, daß das ständige Neugestalten derselben

Sache, damit sie anders werde, mehr ist als nur eine Übung – es ist die einzige Freiheit des Findens.«[2]

In dieser Atmosphäre entstanden die Entwürfe, in die Zitate aus der Literatur, dem Film, aus den Reisen und den Lebenserfahrungen einflossen. All dies entstand aus einer Ansammlung von Daten, Formen, Proportionen, Licht-Schatten-Spielen, die als Fragmente und Überlagerungen unseren Erinnerungsspeicher bildeten. Dies geschah oft in einem Restaurant, besser gesagt in einer Kneipe der Emilia, der Lombardei oder Venetiens, oder bei den längeren Fahrten zur Adriaküste, wohin wir zum Fischessen fuhren. Die Suche nach dem Ort und Raum, der für Gespräche und manchmal lebhafte Diskussionen geeignet war, wurde fast zu einer Wissenschaft, und diese Orte – meist waren es Cafés oder einfache Gaststätten – gaben oft die eigentliche Anregung für einen Entwurf. Immer handelte es sich um Orte, wo man die Rhythmen und die Atmosphären, die den Ort geschaffen hatten, erkennen und nachempfinden konnte, wo das Leben zeitlos dahinzufließen schien und wo jede Sache, jeder Gegenstand, jede Farbe einzig und allein für diesen Ort geschaffen zu sein schien. Auf der Suche nach dem richtigen Ort gingen wir stundenlang durch die Straßen. Einen Fehlgriff taten wir nie. Wir hätten einen Führer schreiben können! Verraten haben wir diese Orte nie und niemandem. Mit anderen Personen konnten wir nur dann dorthin gehen, wenn sie dem gewachsen waren. Es war selten der Fall.

Alles floss ohne Zeit dahin, mit einer unendlichen Fähigkeit und einem unendlichen Willen, zuzuhören, zu lernen, jeden Augenblick und jedes Ereignis in Worten und Zeichnungen wiederzugeben. Jede Reise war eine Anhäufung von Empfindungen und Erinnerungen, die dann zu Entwürfen wurden.

Ich erinnere mich an eine denkwürdige Reise in die Türkei, die wir nach Abgabe des Wettbewerbsentwurfs für den Friedhof von Modena unternahmen. Es war im Jahr 1971, im Dezember, und wir waren in Bursa. Bei der Stadtbesichtigung hatte ich meinen Reisegefährten verloren. Ich fand ihn kniend und betend in der Grünen Moschee wieder. Bei der Rückreise beschlossen wir, da wir wegen des Schnees nicht den Weg über Jugoslawien nehmen konnten, nach Athen zu fahren und dann die Rückreise auf dem Seeweg anzutreten. Aldo war nicht richtig überzeugt, er sagte immer wieder, dass man die Akropolis nicht als Ersatz, als Abstecher von einer anderen Reise besichtigen kann. Beim Aufstieg zur Akropolis, noch bevor wir den Parthenon sehen konnten, wurden wir von einem Schauer erfasst, einem Gefühl totaler Ehrfurcht für das, was sich vor unseren Augen auftat. Wenn dein Herz zuckt und die Schönheit deine Sinne betäubt, kannst du sagen, dass du ein Bauwerk liebst. Die Sonne war gerade untergegangen, und auf dem Bauwerk lag kein Schatten. Es gab keine Einzäunungen, keine Touristen. Es war für uns beide unser erster Besuch in Athen, und die Emotion beim Anblick der Großartigkeit und Perfektion der Ruine war immens. Am nächsten Tag ermöglichte uns eine kalte Wintersonne, das Gefühl vom Vortag zu vertiefen, indem wir es in fotografische Bilder einschlossen, die später mehrfach veröffentlicht wurden. Dort geschah es, dass ich die wirkliche Bedeutung der Architektur und die Ergriffenheit verstand, die dich erfasst, wenn du vor der Perfektion der Form stehst. Dort schmerzte es mich auch, dass ich Aldos Ergriffenheit in der Grünen Moschee nicht sofort verstanden hatte. Bei unserer Rückkehr von der Reise begannen wir, vierhändig auf dem Skizzierpapier des Zeichentischs zu zeichnen. Es häuften sich Zeichnungen über Zeichnungen, die Jahre später Entwürfe, Objekte wurden.

Die Liebe für die Schönheit und Reinheit der Form wurde fast zu einer Obsession bei den mündlichen und schriftlichen Analysen im Rahmen unzähliger Dialoge.

Diese unermesslichen Erfahrungen und Vertiefungen schufen ein Klima der Überschwänglichkeit, wenn wir begannen, Vorstellungen, die nur durch Analogie Architektur werden konnten, zu Papier zu bringen und zu Formen werden zu lassen. Wenn ich über jene Zeiten berichte, hat es den Anschein, als bestünde die eigentliche Arbeit des Architekturentwurfs aus recht wenig. Aber zwischen 1970 und 1986 haben viele Entwürfe, und vielleicht sogar die wichtigsten Entwürfe seines ganzen Lebens, das Studio in der Via Maddalena verlassen. Nur anlässlich einiger anspruchsvoller Wettbewerbe arbeiteten im Studio beziehungsweise in der Werkstatt für jeweils kurze Zeit junge Architekten, Hochschulabgänger aus der Schweiz und später auch aus Amerika. Aber mit zu vielen Personen, wie es dann in den letzten Jahren der Fall war, ließ sich nicht mehr die Atmosphäre schaffen, die das Entstehen großer Entwürfe möglich gemacht hatte. Der Entwurf ist stets mit einer geradezu verblüffenden Unmittelbarkeit entstanden.

So wird verständlich, wie wir die gewonnene Zeit unserer Suche bei den ständigen Spaziergängen durch die Straßen der Mailänder Innenstadt widmeten. Jeder Stein, jedes Material, auf das wir bei dieser Suche stießen, und jede Empfindung sollte sich später in jedem Architekturentwurf als Fragment oder Zitat, als etwas, das durch Analogie in Erinnerung gerufen wird, wiederfinden.

Die Fähigkeit der Reflexion bei der Suche nach der Logik und Essenz jedes Dings ist vielleicht die wichtigste Lektion, die uns Aldo Rossi hinterlassen hat. Sein Wille, eine Suche fortzusetzen, die keine Grenzen des Wissens kennt, sondern in architekturübergreifenden Disziplinen angesiedelt ist, machte ihn immun gegen die ständigen Vorwürfe des Monumentalismus, die ihm von seinen erbittertsten Kritikern entgegengebracht wurden. Eine weitere große Fähigkeit des Meisters bestand darin, sich nicht für das zu interessieren, was andere Architekten machten. Auch hat er nie eine Zeitschrift moderner Architektur durchgeblättert, weil er ein absolutes Desinteresse für die zeitgenössische Architektur hatte, das sich direkt proportional zu seinem großen und tiefen Interesse für die Architektur der Geschichte verhielt.

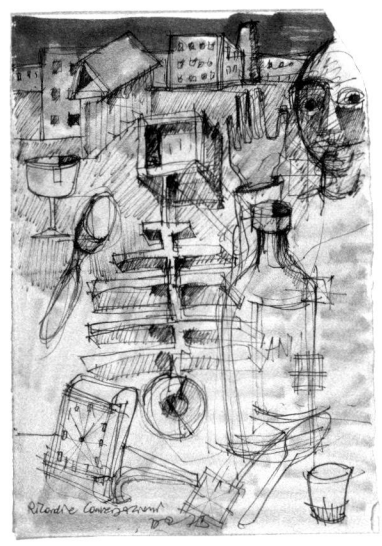 

Kompositionsskizze mit Ansichten des
Friedhofs und verschiedenen Objekten
(Gläser, Löffel, Flasche, Uhr, Gesicht und Hand),
Filzstift auf Papier, 1975

Verschiedene Studien zur Anlage des Portikus
mit den Kolumbarien,
Filzstift auf Papier, 1977

Ich möchte diesen Bericht mit einem für mich wichtigen Zitat aus der *Wissenschaftlichen Selbstbiographie* Rossis schließen, das eine Antwort auf eine Reihe unlogischer und dummer Kritiken gibt, die sich bis heute gehalten haben: »Nun erinnere ich mich wieder, wie viele meiner Kritiker von meinem Werk häufig sprachen wie von Bühnenbildern; darauf antwortete ich, daß es tatsächlich Bühnenbilder seien, in dem Sinne, wie Palladio, Schinkel, Borromini und andere Architekten Bühnenbilder geschaffen haben. Ich will mich hier nicht verteidigen, aber ich habe nie verstanden, daß so unterschiedliche Beschuldigungen wie dieser Aspekt des Bühnenbildhaften neben dem anderen Vorwurf einer gewissen Armut der expressiven Mittel überhaupt möglich sind.

Heute jedoch hat dies für mich wenig Bedeutung. Es ist klar, daß ich jede Technik möglich finde. Ich könnte diese Techniken sogar als Stil bezeichnen. Wer eine Technik als überlegen oder angemessener hinstellt, offenbart die Geistlosigkeit der zeitgenössischen Architektur und der positivistischen Mentalität der Polytechniker, die sich tale quale auf die architektonische Moderne übertrug.«[3]

1 Aldo Rossi, *Wissenschaftliche Selbstbiographie*, Bern 1991, S. 98.
2 Ebd., S. 100.
3 Ebd., S. 130.

Ein Mann ging kürzlich hier vorüber...

Kurt W. Forster

»*Und unter all diesen Symbolbildern, sagte Austerlitz, stehe an höchster Stelle die durch Zeiger und Zifferblatt vertretene Zeit.*«[1]

In einem gewissen Sinne – ich wundere mich selber, in welchem – tritt mir die Erinnerung an Aldo Rossi meist unabsichtlich ins Bewusstsein. Dabei fehlt es weder an Gegenständen wie den Kaffeekännchen, die in Wahrheit kleine Bauwerke sind, oder der vertrauten Uhr an meinem Puls – ein Geschenk Aldos und jetzt ein umso eindringlicheres Memento mori.[2] Es mangelt auch nicht an Publikationen, die das Gesamtwerk in Taschenformat und Rossis Studienhefte als Faksimile anbieten.[3] Dennoch hatte er sich schon vor Jahren und fast unmerklich aus den einst so heftigen Debatten verabschiedet.

Der plötzliche Tod des Architekten hat die meisten, die ihn gekannt haben, überrascht, die internationale Architektengemeinde aber jäh daran erinnert, dass er in den neunziger Jahren überhaupt noch am Leben und produktiv gewesen war. Ein allmähliches Verschwinden aus dem beruflichen Bewusstsein war seinem Abschied um Jahre vorausgegangen. Es war ein Verschwinden auf Raten, das fast beiläufig, doch umso unerbittlicher verlief. Im Vergleich zu Rossis Allgegenwärtigkeit in den siebziger und achtziger Jahren hatte die Vereinsamung in den neunziger Jahren tragische Züge angenommen.[4] Der Architekturkritiker Manfredo Tafuri (1935–1994) war ihm vorausgegangen. Sein Tod zog die allmähliche Auflösung einer ganzen Schule nach sich, der auch Rossi mit Unterbrechungen angehört hatte.[5]

Manfredo Tafuri legte das Bauen unweigerlich als Kollaboration mit den sozialen Unterdrückern aus. Er sah keinen Ausweg aus den Zwängen des Spätkapitalismus. Jede aktive Teilnahme am Bauen bekräftige nur seine Zwänge und mache die Freiheit des Architekten illusorisch. Tafuris architekturtheoretische Überlegungen richteten sich mehr und mehr auf die Geschichte und immer weniger auf die gegenwärtige Praxis. Von letzterer versprach er sich nichts Gutes.[6] Er leitete zwar an der Universität noch Seminare zu modernen Themen, wandte sich aber zusehends der Geschichte Venedigs zu. Seine Hinwendung zu traditionellen Architekturhistorikern wie James S. Ackerman und Howard Burns (der ihm an die Universität Venedig folgte)[7] war mit ausgelöst worden durch den Bruch mit Peter Eisenman um 1981/82. Indem Tafuri sich damals von den Auseinandersetzungen um die gegenwärtige Architektur verabschiedete, setzte er gleichsam die Spur, auf der auch Rossi den italienischen Debatten zu entgleiten begann.

Verwaltungssitz der Walt Disney Corporation
bei Orlando/Florida

Während Rossis Projekte in Italien oft große, ja riesige Komplexe umfassten – Einkaufs- und Kongresszentren, Theater, Stadien und Industrieparks –, fiel das wenige, das gebaut wurde, immer kleiner, schließlich gar verschwindend klein aus, zum Beispiel das Monument für Sandro Pertini an der Mailänder U-Bahn-Station Montenapoleone. Im Ausland, vor allem in Übersee, wuchsen seine Bauten dagegen ins Gigantische, um endlich mit dem Disney-Komplex bei Orlando, Florida, ein surreales Ausmaß zu erreichen. Wenige der alten Weggefährten und Zaungäste mochten dieser letzten Etappe seines Bauens folgen. Als er wenige Monate vor seinem Tode an der Eidgenössischen Technischen Hochschule (ETH) Zürich einen Vortrag hielt, der nach kurzer Rückschau auf seine Anfänge bei den Bauten für Disney in Orlando (1995) verweilte, stellte sich bei vielen Zuhörern, gelinde gesagt, Bestürzung ein. Bislang hatte man in Zürich, trotz Rossis weit zurückliegender Jahre an der Fakultät (1972–1975), stets große Stücke auf ihn (und damit natürlich auf die eigene Schule) gehalten.

In wenigen Minuten entglitt Aldo so dem Verständnis seiner früheren Bewunderer, wie ein Überseedampfer mit unbekannter Fracht, dem man nach kurzem Winken den Rücken kehrt, erleichtert in der Überzeugung, nie mehr etwas mit der Sache zu tun zu haben. Auch wenn man selber Vorbehalte sachlicher Art eingestehen muss, in der Enttäuschung der versammelten Kollegen und Studenten spiegelte sich schlicht der Umstand, dass man von den jüngeren Arbeiten des weltberühmten Kollegen kaum mehr Kenntnis genommen hatte. Da stand er nun in der abgedunkelten Aula und erläuterte die bunten Diapositive von fernen Bauplätzen, gesäumt von Palmen in Florida oder nächtens beleuchtet in Fukuoka. Man sah unter seinen melancholischen Gesichtszügen gelegentlich ein spitzbübisches Funkeln, als amüsiere er sich darüber, dass noch kaum einer seiner Zuhörer an diesen Orten gewesen war oder gar etwas Ähnliches gebaut hätte. Nur eben zu Hause, in Mailand, da wo man sich auskannte, gab es bloß dürftige Spuren seiner Tätigkeit.

Inzwischen sind auch Rossis Archiv und seine manisch angehäuften Zeichnungen weitgehend auseinander gelöst und verstreut[8], so dass das Bild Aldos sich zurzeit hauptsächlich aus dem Stoff der Erinnerung seiner Freunde und Kollegen nährt. Noch liegen kaum neue Forschungen vor, und frische Stimmen lassen sich noch nicht vernehmen.[9] Sein Erinnerungsbild steht vor einem bodenlosen Hintergrund und harrt schwerelos zwischen den Zeiten, trotzdem scheint er sich selber so näher zu sein, als er es je zu Lebzeiten war.

In den siebziger Jahren hatte Peter Eisenman sein New Yorker Institute for Architecture and Urban Studies zu einem Taubenschlag für Architekten gemacht. Dort traf ich zum ersten Mal auf einen Mann, der sich kaum hörbar durch die Gänge des zweitobersten Geschosses von 8 West 40th Street bewegte. Seine großen Augen und der verschlossene Mund hatten ihre Rollen getauscht: Die sprechenden Augen griffen den einsilbigen Worten vor, der Mund hielt zurück, was doch schon gedacht und spruchreif war. Im Saal des Instituts war eine kleine Ausstellung eingerichtet und ein Katalog aufgelegt worden, erste Anzeichen einer Annäherung zwischen Rossi und Amerika, die sich 1981 in der Publikation der *Scientific Autobiography* und danach in der Übersetzung der *Architettura della città* fortsetzen sollte.

Mit einer Besprechung der Ausstellung der Projekte von Aldo Rossi an der ETH Zürich hatten Bruno Reichlin und Fabio Reinhart 1972 auf Rossi reagiert, der damals seinen Unterricht an der Zürcher Schule aufnahm.[10] 1974 folgte Rafael Moneo mit einer Studie des Friedhofprojekts für Modena, die er ausdrücklich unter den Begriff von Rossis ›idea de arquitectura‹ stellte – vielleicht in Anlehnung an Vincenzo Scamozzi, der 1615 diesen Begriff in den Titel seines Traktats *Idea dell'architettura universale* gesetzt hatte. Damit war der Kreis der italienischen Kollegen und die nationale Grenze durchbrochen. Das Friedhofprojekt für Modena läutete denn auch die internationale Berühmtheit Aldos ein. Dass auch sein Buch *L'architettura della città*, das wie Robert Venturis *Complexity and Contradiction* 1966 erschienen war, schon 1969 eine zweite Auflage erlebte und in den frühen siebziger Jahren ins Spanische und Deutsche übersetzt wurde, schürte das weitere Interesse auch von Seiten der Studenten. Die englische Ausgabe besorgte, wen könnte es überraschen, Peter Eisenman für The MIT Press, die auch die *Scientific Autobiography* herausbrachte. Mit einem Wort: Seit den späten siebziger Jahren war Aldo kometenhaft zum italienischen Alleinvertreter der denkenden Architekten aufgestiegen, der es zudem verstand, sich poetisch in Zeichnungen und überzeugend in seinen Schriften zu äußern.

Rossi übersprang die Cliquen, die sich um diese oder jene Richtung moderner Architektur formiert hatten, wenn er einerseits die Stellung von Adolf Loos würdigte, andersseits die Berliner Stalinallee in Schutz nahm.[11] Als Architekt vertiefte er das Verständnis für die Absichten von Boullée, Antolini und Antonelli, deren Wille zum Monument und zur Größe der Stadtkonzepte,

La finestra del poeta a N.Y. con la mano del santo, Zeichnung, 1978

Hölzerne Wasserspeicher in New York

auch wenn sie weitgehend Papier geblieben sind, in Aldo stets eine Saite in Schwingung versetzte.

Die Weise, in der Aldo auf Architektur oder genauer auf unsere Betrachtung der Architektur gewirkt hat, trug ebenfalls dazu bei, ihn gleichsam mit jenen Dingen zu verschmelzen, die in Erinnerung bleiben. Am deutlichsten zeigte sich dieses Verschwinden in Assoziationen an so nahe liegende Dinge wie die New Yorker Wasserreservoirs: Rossi hat die hölzernen Wasserbehälter, die meist auf eisernen Stelzen hoch über den Dächern stehen, in vielen Skizzen festgehalten. Diese ebenso altmodischen wie unbeachteten Objekte schlugen ihn förmlich in Bann. Unverhofft hatte er in New York etwas entdeckt, das der Stadt eigen und ihm nun alsbald ebenso lieb war. Wie schon andere Neuankömmlinge überraschten auch ihn diese runden Holzbehälter, die das Wasser in Reserve und unter Druck halten. In Aldos New Yorker Zeichnungen bilden sie eine Art Leitmotiv der siebziger und achtziger Jahre. Hatte man erst einmal solche Zeichnungen gesehen, so war es von einem Tag auf den anderen nicht mehr möglich, diese Dachaufbauten weiterhin als das zu nehmen, was sie seit je gewesen sind, nämlich Wasserbehälter. Nein, es schien, als hätte erst Aldo über Nacht die Dächer der Stadt mit ihnen bestückt.

Seine Skizze von 1978 mit dem eigenhändigen Titel *Das Fenster des Poeten in N.Y.* (it. *La finestra del poeta a N.Y. con la mano del santo*) enthält gleich zwei der Wassertanks rechts oben und setzt sie in Parallele zu den – inzwischen zerstörten – Doppeltürmen des World Trade Center.[12] Mit der Zeichnung des

Grundschule in Fagnano Olona,
Treppe des Hofs, 1972–1976

›Poeten‹ vollführte Aldo gleich zwei jener Schwenkungen des Gedächtnisses, die seinen Beobachtungen eine eigentümliche Note geben: Zum einen blickt man durch das Fenster seiner Schule in Fagnano Olona, aus jenem Gebäude, über dessen Hof das große Zifferblatt hängt, zum anderen schiebt sich eine mächtige Hand unvermittelt in die Aussicht auf New York, wo Rossi damals an der Cooper Union School of Architecture bei John Hejduk unterrichtete. Es ist die Hand des Mailänder Heiligen Carlo Borromeo, der als Statue von kolossaler Größe von Arona am Lago Maggiore aus seine Diözese überschaut.[13] Schließlich hat der ›Poet in N.Y.‹ – zweifellos in Allusion an García Lorcas Gedichtzyklus *Poeta en Nueva York* von 1929/30 – dessen Silhouette sich wie ein schwarzes Schlüsselloch von der Zeichnung abhebt, seine vertraute alte Kaffeekanne neben sich auf dem Tisch. In dieser Zeichnung versammelte Rossi kennzeichnende Gebäude aus verschiedenen Orten – Mailand, Fagnano Olona, Arona, New York – in einem einzigen Bild. Etappen aus Rossis eigenem Leben staffeln sich hintereinander, von den jugendlichen Eindrücken der Statue Carlo Borromeos in Arona bis zum damals noch neuen World Trade Center.[14] Von seinem (elfenbeinernen) Turm aus erscheinen Vergangenheit und Gegenwart dem ›Poeten‹ als Kulissen einer einzigen Komödie, die Szenenwechsel mühelos zu bewältigen und Gesichtspunkte zu ändern vermag. Durch ihr magisches Spiel verwandelt sie alle Orte in Theater und alle Erfahrung in Illusion.

Die New Yorker Wassertürme trugen ihren Teil zum Entwurf von Aldos eigenem Espressokocher von 1984 bei, der sich besonders durch eins auszeichnet: Es handelt sich bei ihm weniger um eine übliche Espressomaschine als um einen ›Erinnerungsgegenstand‹. Solche Objekte sind in unbestimmter – und unbestimmbarer – Ferne von der Gegenwart angesiedelt. Es sind Gegenstände, die sich in der Erinnerung verfestigen und von ihren ursprünglichen Modellen längst gelöst haben. Hier, in dieser Fixierung auf einen Gegenstand, fand Rossis Architektur einen Halt in der Zeit. Weil es sich aber um Objekte der Erinnerung handelt, können sie in der Gegenwart nur modellhafte Form annehmen und vermögen ebendieser Erinnerung lediglich als Spielzeug zu dienen.

Rossis Gegenstände verraten weder einen ersichtlichen Anlass noch Zweck, und so fehlt ihnen letztlich auch der Bezug zur Wirklichkeit. Sie sind ohne festen Maßstab und bleiben märchenhaft zeitlos. Nichts verdeutlicht das besser als die Tatsache, dass man fast alle volumetrischen Kombinationen, mit denen Rossi in einem Dritteljahrhundert gespielt hat, mit den einfachsten Bauklötzen nachstellen kann. Einige Proben aufs Exempel hatte ich Aldo selber vorgeführt und bilde sie hier ab. Als ich ihm in Santa Monica meinen Anker Steinbaukasten zeigte, den ich auf einem Londoner Sonntagsmarkt erstanden hatte, und vor seinen Augen die Mailänder und Berliner Wohnblöcke nachstellte, verlangte er sofort Polaroidfotografien dieser Modelle, vielleicht weil sie in Form von Bauklötzen für einen Augenblick wieder frisch und wandelbar erschienen. Hatte er doch selber zu Beginn seiner *Autobiografia scientifica* eingestanden, dass sein »Sinn für den Stillstand, der keine Entwicklung kennt, manches seiner Projekte erklären könne«.[15] Diese Unverrückbarkeit verleiht manchen Projekten eine Permanenz jenseits der historischen Zeit, als handelte es sich um Fundstücke, um Strandgut der Geschichte. Als Fossilien tragen sie die Form des einst Lebenden, ermangeln aber der Kraft, sich selber weiter zu entwickeln.[16]

Kaffeekanne aus rostfreiem Stahl,
produziert von Alessi, 1984

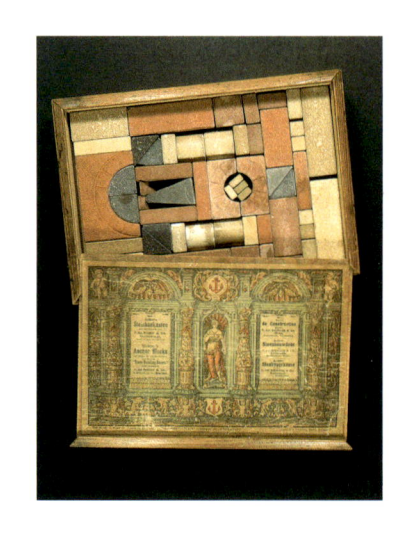

Wohnhäuser im Mailänder Quartier Gallaratese,
Zeichnung, 1969–1973

Das volumetrische Motiv der Ecksäulen von
Gallaratese, nachgestellt mit den Klötzchen des
Anker Steinbaukastens, 1986

Anker Steinbaukasten, hergestellt in Rudolstadt (Thüringen),
Anfang des 20. Jahrhunderts

Gefangen in einem Dornröschenschlaf, wartet Aldos Architektur heute auf den Augenblick des Aufwachens. Niemand weiß, wann und ob dieser Augenblick kommen wird, aber es besteht kein Zweifel, dass seine Architektur aufs Genaueste jenen Zeitpunkt in der italienischen Nachkriegsarchitektur festhält, an dem es weder produktiv möglich war, etwas Wertvolles aus dem Wirrwarr der Geschichte zu fischen, noch auf ein Ziel zuzustreben, das sich nicht als ideologische Fata Morgana entpuppt hätte. In dieser Hinsicht, aber auch nur in dieser, deckt sich Aldo Rossis Dilemma mit demjenigen von Manfredo Tafuri. Bereits 1979 hatte Peter Eisenman in seiner Einführung zum

Titelseite des Ausstellungskatalogs *Aldo Rossi in America: 1976 to 1979*, New York (Institute for Architecture and Urban Studies), 1979

Katalog der Ausstellung *Aldo Rossi in America: 1976 to 1979* ein hellsichtiges Fazit gezogen, als er erklärte, dass Rossis »Zeichnungen ›nichts Neues‹ bieten, und zwar deswegen, weil irgendetwas, das heute als neu angeboten würde, nichts ist. Vielmehr fordern sie, wenn auch ängstlich, eine Wahl zwischen Überleben und Tod.«[17]

Wenn ich heute in einer Unterengadiner Kirche auf eine biedermeierliche Sitzbank stoße, die ähnlich knappe Abmessungen wie Aldos Stühle aufweist, wird seine Anwesenheit schattenhaft fühlbar. Solche Evokationen rufen eine Überraschung aus dem Altbekanntem hervor, sie erinnern nicht nur an Aldo, sondern bringen ihn auf eine Weise ins Spiel, wie es seiner Wirkung in diesen Augenblicken angemessen ist. Seine Architektur nahm auf ähnliche Weise Gestalt an, wie sie uns in der Erinnerung wieder vor Augen tritt. Er selbst hatte ihren vielleicht entscheidenden Zug und mit ihm sich selbst erkannt, als er 1975 im Vorwort zu einer Sammlung seiner verstreuten Aufsätze einräumte, dass er bis vor wenigen Jahren Walter Benjamin nicht gelesen habe, obwohl er sich voll und ganz in einem seiner Sätze wiederzuerkennen glaube: »Ich fühle mich den verformenden Eindrücken ausgeliefert durch all das, was mich hier umgibt.«[18]

Diese Einsicht in die Bedingungen seiner beruflichen Existenz blieb aber nicht die einzige, die Aldo zu Papier brachte. Wenige Jahre später, 1980, verbrachte er die Sommermonate in New York, zeichnete seine Überlegungen

Hölzerne Sitzbank in einer Kirche in Scuol (Unterengadin/Schweiz)

zum eigenen Werdegang auf und verfertigte unter anderem die Zeichnungen, die dann in seiner *Scientific Autobiography* abgebildet wurden. Die Aufzeichnungen erschienen zuerst in einer englischen Fassung, die eine meiner Studentinnen an der Stanford University, Diane Ghirardo, in regem Austausch mit dem Autor redigiert hatte. Damit war, dank Eisenmans geschickten Zügen, der Punkt erreicht, an dem man von einem Aldus americanus sprechen konnte. Auf ausgedehnten Reisen, in Vorträgen und Wettbewerben gewann Aldo zunehmend Terrain in einem Amerika, dessen einseitige Vorlieben, etwa für Ikonen der Popkultur, und Abneigungen, etwa gegen kommunistische Sympathisanten (immer wieder waren peinliche Gutachten zur Erneuerung seines Visums notwendig) und überhaupt gegen melancholische Menschen, sich bemerkbar machten.[19] Aldo aber fand Gefallen an der Distanz zu Europa, die er durch die Wahl amerikanischer Hemden und Schuhe zur Schau trug, und das in einem Land wie Italien, das gerade aus diesen Gegenständen Glaubens- und Exportartikel gemacht hatte. Mit dem Griff nach fremden Dingen in der neuen Welt legte er Vertrautes aus der eigenen ab, mehr noch, er streifte sich etwas über, das bald nicht mehr aus seiner Persönlichkeit wegzudenken war.

1 Winfried G. Sebald, *Austerlitz*, München 2001, S. 13.
2 Dem Zifferblatt kommt in Rossis Architektur eine kardinale Bedeutung zu. In seinen Schulhäusern hat er überdimensionale Zifferblätter angebracht, und auf den Fotografien, besonders denjenigen von Guido Guidi, springt ihr allegorischer Sinn ins Auge. Auffallend die Aufnahme eines Erwachsenen, der allein auf den Stufen im Hof der Schule von Fagnano Olona sitzt, just unter dem großen Zifferblatt, das wie ein Damoklesschwert über ihm schwebt. Die Uhr wird in diesen Bildern, wie auch auf gewissen Zeichnungen Rossis, zum Auge (eines) Gottes, der einfach die Zeit machen und so seine Geschöpfe an ihr Ziel kommen lässt. Der eingangs zitierte, letzte Roman *Austerlitz* von Winfried G. Sebald umkreist das Thema der Monumentalität und Mortalität von Architektur, deren bestaunte Objekte »bereits eine Vorform des Entsetzens« hervorrufen, »denn irgendwo wüssten wir natürlich, dass die ins Überdimensionale hinausgewachsenen Bauwerke schon den Schatten ihrer Zerstörung vorauswerfen ...« (*Austerlitz*, S. 28). Zu diesem Thema siehe auch meine Einführung *Monument/Memory and the Mortality of Architecture*, in: *Oppositions*, 25 (1982), S. 1–19.
3 Siehe die einbändige Ausgabe des Gesamtwerks: *Aldo Rossi. Tutte le opere*, hrsg. von Alberto Ferlenga, Mailand 1999, und die 47 blauen Studienhefte *I quaderni azzurri*, hrsg. von Francesco Dal Co, Mailand 1999.
4 Krass tritt das vor Augen, wenn man berücksichtigt, dass nur knapp ein Drittel der großen Planungs-, Bau- und Wettbewerbsprojekte aus den achtziger und neunziger Jahren, und auch diese nur bruchstückweise, verwirklicht wurden. Lediglich zwei der zahlreichen Mailänder Großprojekte, der Umbau des Flughafens Linate und einige Mietshäuser, neben beiläufigen Aufgaben, wurden ausgeführt. Diese Diskrepanz zwischen Projektierung und Ausführung ist ungewöhnlich für einen Architekten von Rossis Kaliber in jenen Boomjahren. Der Löwenanteil der späteren Projekte entstand im Ausland.

5 Die New Yorker Architekturzeitschrift *ANY* widmete Tafuri das Doppelheft *Being Manfredo Tafuri*, 25/26 (2000).

6 Vgl. dazu meinen Aufsatz *No Escape from History, No Reprieve from Utopia, No Nothing. An Addio to the Anxious Historian Manfredo Tafuri*, in: ANY, 25/26 (2000), S. 61–65.

7 1991 beauftragte ich als Direktor des Getty Research Institute in Los Angeles Luisa Passerini mit einer Oral-History-Dokumentation, die in englischer Übersetzung auszugsweise im Doppelheft ANY, 25/26 (2000), gedruckt wurde.

8 1986 erwarb ich 32 Studienhefte für das Getty Research Institute in Los Angeles, wo ich in den Jahren von 1984 bis 1993 ein kunst- und architekturgeschichtliches Archiv aufbaute. Ein substanzieller Teil von Rossis Archiv ging während meiner Leitung des Canadian Centre for Architecture in Montreal im Jahr 2000 in die erheblichen Archivbestände dieses Studienzentrums über. Ein weiterer Teil wurde jüngst von dem neu gegründeten Centro Nazionale per le Arti Contemporanee in Rom erworben. Zweifellos werden Jahre vergehen, bis diese Bestände inventarisiert und der Forschung zugänglich gemacht werden können.

9 Eine neue Stimme möchte ich allerdings erwähnen: Der Architekt Hendrik Tieben schließt gerade an der ETH Zürich seine Dissertation über Rossis Projekt für das Museum der Deutschen Geschichte in Berlin ab.

10 *Werk*, 4, (1972), S. 182f.

11 Vergeblich versuchte ich als Berater von Senator Dr. Volker Hassemer in den frühen neunziger Jahren die Berliner Kollegen dazu zu überreden, Aldo Rossi die völlige Neugestaltung der Stalinallee anzuvertrauen, und bis heute bedauere ich, dass diese Chance verpasst worden ist.

12 Einer der Unterschiede zwischen der ersten englischen (1981) und der italienischen Ausgabe von Rossis *A Scientific Autobiography (Autobiografia scientifica,* 1999) besteht in der Auswahl der Abbildungen. In der englischen Ausgabe fehlt die Zeichnung *La finestra del poeta a N.Y,* obwohl sie anderseits im Katalog der Ausstellung am Institute for Architecture and Urban Studies verzeichnet ist.

13 In der *Autobiografia scientifica* spricht Rossi ausführlich über sein kindliches Erlebnis der Kolossalstatue des heiligen Borromäus in Arona; vgl. S. 11f.

14 Auffallend übrigens, wie häufig die Zwillingstürme des World Trade Center in den Zeichnungen Rossis auftauchen.

15 Aldo Rossi, *Autobiografia scientifica*, S. 7: »[…] e questo senso di fissità senza evoluzione può spiegare molti dei miei progetti […]«

16 In ähnlichen Begriffen versuchte ich 1990 die Quintessenz von Rossis Architektur in einem kurzen Text zur Verleihung des Pritzker Architecture Prize zu charakterisieren: *Aldo Rossi's Architecture of Recollection. The Silence of Things Repeated or Stated for Eternity*, in: *The Pritzker Architecture Prize*, o. O. (The Hyatt Foundation), 1990, o. S.

17 Peter Eisenmans Einleitung zum Katalog *Aldo Rossi in America: 1976 to 1979*, New York 1979, S. 15: »His drawings offer ›nothing new‹ precisely because anything new which can be offered is, in the present condition, nothing. They simply ask, however anxiously, for the existence of a choice between life as survival, and death.«

18 »Io però sono deformato dai nessi con tutto ciò che qui mi circonda.« Zitat aus: Aldo Rossi, *Scritti scelti sull'architettura e la città, 1956-1972*, hrsg. von Rosaldo Bonicalzi, Mailand 1975, S. 9.

19 In einem handschriftlichen Brief vom 28. August 1984 schrieb mir Aldo Rossi von den Schwierigkeiten, die sich seiner Absicht, die USA ausführlicher zu bereisen, in den Weg stellten: »Non so poi bene se verrò qualche tempo in America / purtroppo la Graham Foundation non mi ha finanziato la ricerca che avevo richiesto e che mi avrebbe permesso un soggiorno più libero dalle noie accademiche –« (Ich weiß nicht, ob ich für einige Zeit nach Amerika kommen werde / leider hat die Graham Foundation die Finanzierung meiner Forschung abgelehnt, um die ich mich beworben hatte und die mir einen Aufenthalt fern der akademischen Öde erlaubt hätte –).

Aldo Rossi in Japan

Toyota Horiguchi

Viele historische Gebäude mit großer Bedeutung für die Modernisierung Japans blieben unbeschadet. Sie stehen im Bezirk Mojiko der japanischen Millionenstadt Kitakyushu. Sie wurden eher zufällig erhalten, da ein wirtschaftliches Interesse und eine Entwicklung fehlten. Das neu entstandene Bewusstsein für die Erhaltung historischer Bausubstanz lässt jedoch erwarten, dass diese früher eher unbeachtete Stadt sich vielmehr zu einem neuen Touristenziel entwickeln könnte. In diesem Zusammenhang setzt Aldo Rossis Entwurf für das Mojiko Hotel Maßstäbe, an denen sich alle zukünftigen Bauten zu messen haben.

Die rote und goldfarbene Fassade rahmt den Haupteingang und ist bereits aus großer Entfernung sichtbar. Bei der Fassadengestaltung ergab sich die schwierige Frage, wie sie in Bezug zum urbanen Umfeld gesetzt werden kann. Die Verbindungsstraße zwischen dem nahe gelegenen Bahnhof und dem Gebäude biegt unmittelbar davor nach Osten ab, aber es sieht so aus, als würde sie direkt in den Haupteingang führen. Das Gebäude setzt gewissermaßen die Straße fort, macht sie zu seiner eigenen Achse und organisiert seinen Baukörper um sie herum.

Die meisten Besucher betreten das Gebäude durch den Haupteingang in dieser Fassade. Jeder Geschosswechsel wird bei den beiden Eingangstürmen aus rotem Sandstein durch mehrere Lagen schlichter, goldfarbener Gesimse angezeigt, den oberen Abschluss bildet ein breites, in ähnlicher Weise gestaltetes Gesimsband. Diese hervorragende Gestaltung gibt nicht nur dem Gebäude selbst Würde, sondern ist der fulminante Höhepunkt des gesamten Straßenbildes. Diese Südfassade des Gebäudes möchte großartige Architektur sein.

Die beiden symmetrischen, cremefarben verputzten Flügelgebäude zu beiden Seiten der zentralen Zwillingstürme verblassen im Vergleich dazu, sie sind eine gewollte Bescheidenheit. Im Westflügel befinden sich Büros, während im Ostflügel ein Kongresszentrum untergebracht ist. Diese schlichten und einfachen Gebäudeflügel zollen demütig und höflich der vor ihnen verlaufenden Straße ihren angemessenen Respekt.

In dem mit roten Ziegelsteinen verkleideten Nordflügel befinden sich die Hotelzimmer. Im Gegensatz zu den monumentalen Türmen auf der Südseite ist seine Gestaltung weitaus lässiger und großzügiger, und da er ausschließlich auf

Eingangsfront des Hotels und des
Kongresszentrums im Hafen von Mojiko,
Japan, 1993

Gesamtansicht des Hotels und des
Kongresszentrums im Hafen von Mojiko,
Japan, 1993

das weite, offene Meer ausgerichtet ist, muss er nicht auf die komplexen Mechanismen der Straßen einer Stadt reagieren. Wasser spielt eine wichtige Rolle bei der Gestaltung des Nordflügels sowie der beiden daran angrenzenden Plätze. Das Grundstück für das Mojiko Hotel befindet sich nämlich auf einer Landzunge und ist an drei Seiten von Wasser umgeben. Das Land, auf dem das Hotel steht, reicht wie ein Kap ins offene Meer hinein und bricht die Wellen, die vom Meer in die Kanmon-Straße und von dort an den Kai schlagen. Ein Gebäude in solch einer Lage kann zwischen dem Meer und dem Land vermitteln und diese Rolle in drei Dimensionen verkörpern. Wenn Boote oder Fußgänger die Nordfassade des Gebäudes passieren, können sie an der Lage des Gebäudes erkennen, ob sie sich in die Bucht hinein- oder sich aus ihr herausbewegen.

Der Gebäudeteil, der auf das Meer ausgerichtet ist, und der Teil, der sich dem Land zuwendet, wirken wie zwei unterschiedliche Gebäude, die sich jeweils an ihre Umgebung anpassen. Der spitz zulaufende Nordflügel schwingt sich leicht dem Meer zu und läuft in einer kleinen Spalte aus. Er ähnelt einem seetüchtigen Schiff oder einem Meeresbewohner. Man hat bei dem Gebäude den Eindruck, als sei es gerade dem Wasser entstiegen und an Land gegangen. Oder aber als genieße es die frische Brise am Meer und die Freiheit, da es sich gerade den Zwängen der Stadt entwunden hat, als sei es nun im Begriff, selbst in das Meer hinauszugleiten, indem es sich in ein Schiff oder in einen großen Fisch verwandelt.

Diese sich in der Form manifestierende Freiheit gehört zu dem Gebäudetypus, da die Hauptfunktion eines Hotels darin besteht, das, was jeden Tag geschieht – wie das Ende eines Tages und der Beginn eines neuen Tages –, zu einem Ereignis zu machen, das gefeiert werden muss. Dieses Hotel bemüht sich ganz besonders, hierfür die noch wenig beachteten Schätze des historischen Mojiko zu nutzen und daraus einen Stadtteil voller Anmut zu machen. Das Gebäude, in dem das Hotel untergebracht ist, muss daher die Grenzen zwischen Niedergang und Aufstieg, Meer und Land, Handel und Kultur, Stadt und Natur, der Insel Kyushu und dem Honshu-Meer, Japan und Asien, Asien und dem Westen herausarbeiten und hervorheben. Auch wenn der Ansatz, dies zu versuchen, schwer ist, muss das Gebäude diese Grenzgänge in Szene setzen.

Es beginnt schon bei der Auswahl der Materialien, in diesem Fall Ziegel, Putz, Bronze, Sandstein, Kalkstein und Keramikfliesen. Das Gebäude übernimmt und achtet jene bei den historischen Gebäuden verwendeten Materialien, roter Ziegel beim Zollhaus und Kupfer mit grüner Patina beim Mojiko-Bahnhof. Durch diese Anklänge nimmt das Mojiko Hotel nicht nur teil am Leben der Stadt, sondern misst dem Überleben der historischen Gebäude eine noch größere Bedeutung bei.

Eingang des Kongresszentrums im Hafen von Mojiko, Japan, 1993

Zwar werden Gebäude immer im Kontext ihrer Umgebung beurteilt, doch bestimmen sie ihren eigentlichen Wert letztlich immer durch sich selbst. Es stand stets außer Frage, dass Gebäude wie auch Kunstwerke Herzen gewinnen können, aber ob dies heutzutage noch möglich ist, wurde lange Zeit bezweifelt. Wenn Gebäude noch dieses Potenzial besitzen, wie schneidet das Mojiko Hotel dann ab?

In dem seltenen Moment, in dem Gebäude es schaffen, so wie ein Kunstwerk einen Platz in unseren Herzen zu erobern, entsteht Architektur. Normalerweise sind es einfach nur Gebäude und nicht mehr. Aber wenn ein Gebäude versucht, mehr zu sein als das, was es eigentlich nur ist, und wenn dieser Versuch gut ist, kommt es dem, was wir Architektur nennen, schon sehr nahe.

Wenn man dieses spezielle Gebäude in Mojiko als Architektur beschreiben kann, dann deshalb, weil es versucht, alles drei gleichzeitig zu sein: Es versucht, nach Süden etwas Einzigartiges und Großartiges, nach Westen und Osten etwas Unprätentiöses und Bescheidenes und nach Norden etwas Organisches und Maritimes, wie einen Fisch oder einen Ozeandampfer, darzustellen.

Jedes neu errichtete Gebäude wirkt im bestehenden Umfeld zunächst wie ein Fremdkörper. Mit der Zeit fügt es sich darin ein. Damit ein Gebäude Architektur wird, muss es die vorhandene Bedeutung der Umgebung neu interpretieren, verloren gegangene Bedeutungselemente neu mit Leben füllen und dem Umfeld neue Bedeutungselemente hinzufügen. Die Geschichte trifft das endgültige Urteil, und so ist das Schicksal des neuen Gebäudes eng mit der zukünftigen Entwicklung von Mojiko verbunden.

Aldo Rossi wurde Bestandteil der Geschichte, indem er Geschichte in seine Gebäudeentwürfe einbezogen hat. So überrascht es nicht, dass seine erste Begegnung mit Mojiko seine Ursprünge ebenfalls in der Geschichte hatte. Wenn man die Dinge aus einem historischen Blickwinkel betrachtet, erscheint die Gegenwart als Kumulation der Vergangenheit. Als der amerikanische Architekt Robert Venturi einmal gefragt wurde, warum er Geschichte zum Ausgangspunkt seiner Arbeit machte, antwortete er mit dem berühmten Zitat eines Bergsteigers: »Weil sie da ist.«

Für Aldo Rossi muss dieses ›da‹ nicht nur für das Außen, sondern auch für das Innen gegolten haben. Die historische Vergangenheit hat solch unauslöschliche Spuren in seinem Herzen hinterlassen, dass sie sein gesamtes Leben über die entscheidende Inspirationsquelle für seine Arbeiten blieb. Für Aldo Rossi gab es nie die Option, Geschichte nicht zu verwenden, da sie immer sein eigentliches Sein ausmachte. Als er Mojiko mit Morris Adjmi zum ersten Mal besuchte, mochte er den Ort gleich von Anfang an, so als hätte er dort schon sein ganzes Leben verbracht und als wüsste er schon sehr viel über die Stadt. Er schien verstanden zu haben, dass das Gefüge und das Herz der Stadt in ihrer sichtbaren Geschichte liegen. Vielleicht weil er Mojiko an einem stürmischen Wintertag besuchte, betonte er immer, wie sehr es ihn an seinen Lieblingsplatz am Meer in Nordfrankreich erinnere.

Natürlich muss nicht erst noch herausgestellt werden, dass Mojiko nicht in Europa, sondern im Fernen Osten liegt. Als italienischer Architekt, der einen Entwurf für einen Standort fern der eigenen Heimat entwickelt, muss Aldo Rossi viel über die Frage der kulturellen Unterschiede nachgedacht haben. Zugleich war er aber auch eine bescheidene Person, die sich bemühte, keine überheblichen Aussagen zu machen. Als er einmal gefragt wurde, was es für ihn bedeute, als Architekt in Japan zu arbeiten, gestand er freimütig ein, dass er nur wenig über Japan wisse und dass er eigentlich der Ansicht sei, Gebäude in Japan sollten von Japanern entworfen werden. Und er fügte hinzu, die einzig ihm bekannte Entwurfsmethode sei seine Vorgehensweise, so wie er sie in Mailand gelernt habe. Obwohl er nie geplant hatte, viele Gebäude in Japan zu entwerfen, sind dort neun Projekte von ihm realisiert worden; das Mojiko Hotel war das letzte.

Welche Bedeutung werden Aldo Rossis Arbeiten in Mojiko und im übrigen Japan in Zukunft haben? In Mojiko findet man die wesentlichen Elemente einer italienischen Stadt wie Türme, Plätze, große Treppenanlagen, würdevolle Gebäude mit großer Bedeutung und nachrangige Gebäude von geringerer Bedeutung. Alles in allem werden besondere europäische Räume hier in einem nichteuropäischen Rahmen neu geschaffen. Aus einem umfassenden Blickwinkel heraus kann man erkennen, dass nur ein sehr schmaler Grat Aldo Rossis Gebäudeentwurf von den Gebäuden in den ehemaligen europäischen Kolonien in Asien trennt. Wenn dies der Fall ist, stellt sich die Frage, ob das, was für einen auf einem Modell der Aufklärung basierenden Anachronismus gehalten wird, von Bedeutung für das zeitgenössische Japan ist oder nicht. Wenn man die Gebäude, die derzeit in Japan bewusst oder unbewusst in der westlichen Bautradition errichtet werden, betrachtet, kann man diese Frage durchaus bejahen.

Historische japanische Gebäude waren größtenteils ein- oder zweigeschossig. Sie hatten nur selten mehr als drei Stockwerke. Manche eingeschossigen Gebäude besaßen ein riesiges, sehr urban wirkendes Dach, dessen tief nach unten gezogene Traufen und die daraus resultierende Dunkelheit im Inneren viel Bewunderung fanden. Heute aber, angesichts der Besiedlungsdichte in den japanischen Städten, gibt es kaum eine andere Möglichkeit, als mehrgeschossige Gebäude zu errichten. Japan hat leider weder eine Bautradition für Gebäude mit mehreren Stockwerken noch das Wissen, wie man mit diesem Gebäudetypus experimentieren kann. Solange man etwas von derartigen Gebäuden der Vergangenheit lernen kann, kann Japan auch etwas von Aldo Rossi lernen. Diese Inselnation im Fernen Osten hatte das Glück, niemals eine Kolonie des

Hotel und Kongresszentrum im Hafen von Mojiko, Ansicht vom Meer, Japan, 1993

Westens gewesen zu sein. Aber es muss auch gesagt werden, dass sie dadurch einige Segnungen der Kolonialisierung verpasste. Aldo Rossis Gebäude in Mojiko kann als Fortsetzung der Tradition der Meiji-Zeit gesehen werden, bei der westliche Architekten eingeladen wurden, bedeutende öffentliche Bauten für Japan zu entwerfen. Sogar noch heute können wir Weisheit gewinnen, wenn wir mit Blick auf Aldo Rossi wieder demütig werden, der letztlich nie seine eigene Demut angesichts einer Kultur, die nicht seine eigene war, vergessen hat.

Die Architektur der Stadt als poetische Wissenschaft

Vittorio Magnago Lampugnani

Im Jahr 1966, mitten in der angespannten, widerspruchsvollen, erregenden Atmosphäre, die zwei Jahre später zur Studentenrevolte führen sollte, erschien in einem italienischen Verlag ein vergleichsweise unscheinbares Buch, das in der Geschichte der architektonischen Kultur des 20. Jahrhunderts einen Wendepunkt markieren sollte. Sein Sujet, aber auch seine Programmatik waren bereits in der Überschrift zusammengefasst: *L'architettura della città*[1], die Architektur der Stadt.

Der Autor, Aldo Rossi, war ein fünfunddreißigjähriger Mailänder Architekt, der kurz zuvor unter Ernesto Nathan Rogers in der Redaktion der einflussreichen Zeitschrift *Casabella Continuità* gearbeitet hatte und nun Assistenzprofessor am Politecnico in Mailand war. Er hatte zwar eine Reihe bemerkenswerter Projekte, aber kaum Realisationen vorzuweisen: Lediglich das Partisanen-Denkmal auf dem Rathausplatz von Segrate, eine befremdliche Komposition aus elementaren stereometrischen Körpern, befand sich in Bau. Seit 1956 hatte er sich als Autor architekturkritischer und architekturtheoretischer Essays einen Namen gemacht; nun legte er einen veritablen Traktat vor.

Ein Traktat: *L'architettura della città*

Von einer scharfen, aber von keinerlei Animosität getrübten Kritik der urbanistischen Ideen der funktionalistischen Moderne der zwanziger und dreißiger Jahre ausgehend, richtet Rossi sein analytisches Augenmerk auf die abendländische Stadt und definiert sie neu: als archäologisches Artefakt von Menschenhand und als autonome Struktur von Geschichte. Denn wenn die Stadt einerseits, als riesenhaftes Haus aus Häusern, Produkt menschlicher Arbeit und somit von all den äußeren Bedingungen abhängig ist, welche diese Arbeit bestimmen, wird ihr andererseits im Augenblick ihrer Materialisierung eine Autonomie zuteil, die allein schon ihrer materiellen Präsenz und ihrer konkreten Form entspringt. Dabei unterscheidet Rossi zwischen primären Elementen und Stadtareal. Primäre Elemente sind in erster Linie die Monumente, die großen öffentlichen Bauten, die sowohl funktional als auch formal besondere Punkte im urbanen Gefüge darstellen. Das Stadtareal sind die Wohngebiete, also jene bauliche Masse, die den Großteil der Stadt selbst ausmacht.

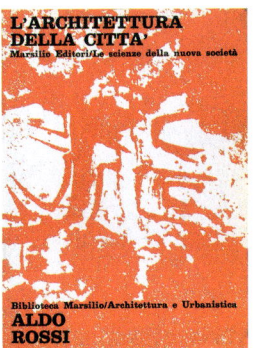

Die Architektur der Stadt
Erstausgabe, Padua 1966

Zweite italienische Ausgabe, Padua 1970

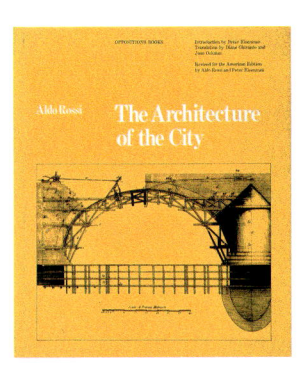

Amerikanische Ausgabe,
Chicago und New York 1982

Italienische Ausgabe, Mailand 1984

Beiden städtischen Komponenten, den primären Elementen wie dem Stadtareal, ist die Permanenz zu Eigen. Gebaut und zu einem Teil des Lebens der Stadt geworden, entwickeln sie eine Dauerhaftigkeit und Beständigkeit, welche die Dynamik der städtischen Entwicklung eingrenzen und lenken. Für die Monumente trifft das uneingeschränkt zu: Sie sind in ihrer baulichen Materialisierung beständig, und zwar weil sie jenseits ihres ökonomischen, funktionalen, atmosphärischen oder historischen Wertes als Kunstwerke absolute Immunität genießen. Beim Stadtareal hingegen tut eine Differenzierung Not: Das Wohngebiet selbst ist permanent, nicht aber die einzelnen Wohnhäuser, die sowohl materiell als auch formal anspruchsloser sind als die Monumente. Sie sind stärker als diese mit den Lebensgewohnheiten und ihrem Wandel verknüpft und können daher periodisch ersetzt werden.

So weit bietet das Buch kaum Neues: Es stützt sich auf die städtebaulichen Theorien von Pierre Lavedan, Lewis Mumford und vor allem Marcel Poëte. Doch Rossi geht einen entscheidenden Schritt weiter und befragt diese Theorien nach ihrer Bedeutung für den Entwurf. Mit anderen Worten: Er sucht in der historischen Stadt und den Gesetzmäßigkeiten, die sie regieren, Hinweise für eine neue Architektur.

Ihm geht es nicht um reine historische Erkenntnis, sondern darum, diese Erkenntnis in den Dienst der Arbeit des Architekten zu stellen; und er ist nicht an der Erhaltung, sondern an der Erneuerung der Stadt interessiert. In den primären Elementen sieht er katalytische Objekte, die den Urbanisationsprozess sowohl beschleunigen als auch behindern können. Jenen Monumenten, die das Wachstum der Stadt fördern, widmet er seine ganze Aufmerksamkeit: so dem Palazzo della Ragione in Padua, dem Theater in Arles, dem Kolosseum in Rom. Diejenigen hingegen, die dieses Wachstum bremsen, bezeichnet er als »pathologisch«: so die Alhambra in Granada, bei der Rossi so weit geht, den Palast von Karl V. grundsätzlich dem Abriss freizugeben, weil der Bau seine alte Funktion verloren hat. Da er keine neue Bestimmung, außer der musealen, gefunden hat, fällt er der Stadt zur Last, anstatt sie zu bereichern oder zu stimulieren.

Der Typus als ›unbestimmte Konstante‹: von Quatremère bis Muratori
Der architektonische Typus spielt bei alledem eine zentrale Rolle. Er ist ein Grundelement der Stadt und ihrer Bauten, das sich im Lauf der Geschichte herausdestilliert hat und durch die Landschaft, das Klima, die Materialien, die Konstruktionstechniken, die Benutzung und die Lebensgewohnheiten geprägt ist. Dabei baut Rossi auf weiter zurückliegenden Vorarbeiten auf. Denn bereits 1959 hatte der Architekt und Architekturhistoriker Saverio Muratori die *Studi per una operante storia urbana di Venezia*[2] veröffentlicht, eine gewichtige Studie, die auf unzähligen, ungemein genauen Beobachtungen, Erhebungen, Untersuchungen und Nachforschungen basiert, und zwar sowohl in Dokumenten als auch vor Ort. Ihr Gegenstand ist vornehmlich die ›architettura minore‹, das aus Wohngebäuden bestehende ›geringe‹ Stadtgewebe. Denn Muratori geht es darum, jene Konstanten in der Gebäudestruktur der Stadt aufzuspüren, die sich in Abhängigkeit von der politischen Entwicklung, von den kulturellen Einflüssen, von den technischen Standards, von den klimatischen Bedingungen sowie von den funktionalen Anforderungen entwickelt haben. Diese sind die typologischen Charakteristika; im Unterschied zu den (variablen) stilistischen und dekorativen Elementen stellen sie Invarianten dar, die sich in der Erschließung, der Fassadengliederung und der räumlichen Anordnung im Inneren der Häuser, aber auch in der Parzellierung des städtischen Bodens ausdrücken.

Muratoris Definition des architektonischen Typus entspricht dabei weitgehend jener, die der französische Architekturtheoretiker und Archäologe Antoine Chrysostome Quatremère de Quincy zu Beginn des 19. Jahrhunderts formulierte: »Das Wort Typus bezieht sich nicht so sehr auf das Bild einer zu kopierenden oder vollständig nachzuahmenden Sache als auf die Idee eines Elements, das dem Modell als Regel zu dienen hat. […] Das künstlerische Modell dagegen ist ein Objekt, das so, wie es ist, wiedergegeben werden muss. Im Gegensatz dazu ist der Typus etwas, aufgrund dessen Werke konzipiert werden können, die einander überhaupt nicht ähnlich sehen. Beim Modell ist alles präzis und vorgegeben, beim Typus bleibt alles mehr oder minder unbestimmt. Daraus folgt, dass die Nachahmung von Typen nichts enthält, was Gefühl und Geist nicht wiedererkennen können […]«[3]

Der Nachweis, dass das urbane Gewebe nicht zufällig entstanden ist und sich auch nicht unkontrollierbar entwickelt, war für Muratori kein wissenschaftlicher Selbstzweck. Er verfolgte im Gegenteil das Ziel, über die Analyse der historischen Stadt zu einer neuen Methode des architektonischen und städtebaulichen Entwerfens zu gelangen. Mithin kam es nicht von ungefähr, dass seine Studien in erster Linie von praktizierenden Architekten fortgeführt wurden.

Die poetische Wissenschaft der Architektur

In *L'architettura della città* stößt Rossi über die typologische Forschung direkt zum architektonischen Entwurf vor. Er schafft einen Zusammenhang zwischen Analyse und Entwurf, zwischen der Untersuchung von Bestehendem und der Erfindung von Neuem. Das Hilfsmittel, das dies ermöglicht, ist die Analogie: Sie löst die Typologie aus der Geschichte und ihren Bindungen und macht sie dank der dadurch gewonnenen Abstraktion verfügbar.

Für seine Architektur der Stadt beansprucht Rossi den Status der Wissenschaft; sie folgt objektiven und nicht historischen Gesetzmäßigkeiten, die durch das Studium der Stadt und des Typus angeeignet werden können. Entsprechend akademisch ist sein Buch konstruiert, das sich teilweise umständlich und zuweilen gar schwerfällig liest. Belebt und erhellt wird es durch die historischen Beispiele, die immer wieder die theoretischen Erörterungen unterbrechen und veranschaulichen; so das römische Amphitheater von Lucca, mit seiner elementaren Großform ein Musterbeispiel eines positiven primären Elements; oder die Stadt Split, die sich im Mittelalter in den gigantischen gebauten Strukturen des antiken römischen Diokletianspalasts eingenistet hat und eindrucksvoll die Beständigkeit der Architekturformen und die Wandelbarkeit und Anpassungsfähigkeit ihrer Nutzung demonstriert. Auch die spannende Geschichte des römischen Kolosseums wird erzählt, das als Theater für Gladiatorenkämpfe und Tierhetzen debütierte, dann als Steinbruch diente für den Dom von Orvieto, den Palazzo Venezia, die Cancelleria und den Palazzo Farnese und beinahe in eine Wollspinnerei mit Arbeiterwohnungen respektive in eine Kirchenanlage umgebaut worden wäre.

Doch auch jenseits der Beispiele ist das Buch, aufmerksam gelesen, alles andere als graue Theorie. Besonders an einer Stelle verrät sich Rossi, legt für einen Augenblick die Maske des kühlen Wissenschaftlers ab. Er schreibt, die *fatti urbani* hätten ein eigenes Leben, und fährt fort: »So haftet der Schmerz als etwas ganz Konkretes an den Mauern, in den Höfen und Krankensälen eines Spitals.«[4] Hier spricht jemand, für den Architektur eine Leidenschaft ist, der sie nicht abstrakt zu betrachten vermag, sondern für den sie untrennbar mit dem Leben des Menschen verknüpft ist.

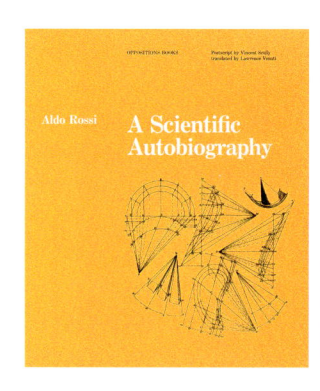

Wissenschaftliche Selbstbiographie
Amerikanische Ausgabe, Chicago und New York 1992

Italienische Ausgabe, Parma 1993

Zusammen mit den Emotionen dringt auch Skepsis in das rationale theoretische Gefüge. Rossis aufklärerischen Impetus überlagert immer wieder, und mit zunehmender Intensität, ein tiefer Pessimismus. Aussprechen wird er diesen erst in seiner *Autobiografia scientifica*, die auf Notizen von 1971 zurückgeht und zehn Jahre später zunächst in englischer Sprache veröffentlicht wurde. »Ich räumte ein, daß die Unordnung der Dinge, die zwar beschränkt und in gewisser Weise auch ehrlich sein mochte, unserem Gemütszustand besser entsprach. Die hastige Unordnung jedoch verabscheute ich, so wie sie sich als Indifferenz der Ordnung gegenüber äußert, nämlich als eine Art moralischer Stumpfheit, Ausdruck übersättigten Wohlstandes, als eine Form des Verdrängens. Wonach hätte ich in meinem Beruf streben können? Gewiß blieb nur wenig, denn die großen Aufgaben waren geschichtlich gesehen erschöpft.«[5]

Bereits auf *L'architettura della città* wirft die Zeit der ›Unordnung der Dinge‹ ihren Schatten. Die anspruchsvolle theoretische Konstruktion zeitigt kein Modell, nicht einmal ein Leitbild für die Stadt des 20. Jahrhunderts. Selbst in den aufbegehrenden sechziger Jahren empfand der junge Architekt mit schmerzlicher Deutlichkeit: Die Epoche der heroischen architektonischen Taten ist vorbei, Großes kann nicht mehr vollbracht werden, aus sämtlichen generösen Bemühungen und tragischen Kämpfen geht allein, immer und unabwendbar, das Chaos siegreich hervor. Die europäische Stadt ist nicht länger das Haus der Lebenden, sondern das der Toten; ihre ursprüngliche Funktion ist verloren, ihre Geschichte vergangen. Sie ist nur mehr ein melancholischer Locus der kollektiven Erinnerung, der wie ein *musée sentimental* erforscht werden kann. Nur erforscht, möglicherweise mit Hilfe von Zeichnungen, keinesfalls aber nachgebaut. Die analoge Stadt, tauglich als intellektuelle Abstraktion oder künstlerische Parabel, versagt sich dem realen menschlichen Wohnen.

Das zeigt auch, überdeutlich, das Stadttableau *La città analoga* (1976). Die beunruhigende Collage, in der historischen Stadtplänen und Grundrissaufnahmen eigene Projekte und Zeichnungen überlagert sind, ist als Bild ebenso eindringlich, wie sie als Stadt unbewohnbar ist. Die Fragmente liegen zwar eng beieinander, überbrücken Zeit und Raum, kommen aber nicht zu einer konkreten Utopie zusammen. Und wollen letztlich das bleiben, was sie sind: Papier.

L'architettura della città war ein erfolgreiches Buch. Die Originalversion wurde mehrfach aufgelegt, der Text wurde ins Spanische, Deutsche, Portugiesische, Englische und Französische übersetzt. Noch erfolgreicher wurde sein Autor: Der intellektuelle Architekt, der nur schrieb und für die Schublade oder bestenfalls die Architekturgalerien zeichnete, wurde bald ein viel gefragter Star, der weltweit entwarf und realisierte. Seine Bauten, lange Zeit als anachronistisch apostrophiert oder gar als faschistisch diffamiert, gehören heute zum festen Bestandteil der zeitgenössischen architektonischen Kultur – bewundert, geschmäht und vielfach nachgeahmt.

Wenn man diese Architekturen betrachtet und *L'architettura della città* wiederliest, entdeckt man, dass in gewisser Weise die Bauten schon im Buch enthalten waren. Natürlich nicht als fertige Formen, wie sie einem Katalog zu entnehmen sind; aber doch als unterschiedliche Erscheinungen von Konzepten, die 30 Jahre zuvor artikuliert worden waren. Ist etwa die Wohnzeile im Mailänder Quartier Gallaratese (1970–1973) nicht die beispielhafte Demonstration eines archetypischen Elements des Stadtareals, provokativ in eine trostlose metropolitane Peripherie implantiert? Ist das Teatro Carlo Felice in Genua (1982–1990, zusammen mit Ignazio Gardella und Fabio Reinhart) nicht der Versuch, ein primäres Element zu schaffen, ein Monument, das der Stadt, die es schmückt, neue Impulse vermitteln und ihrer Vermarktung Widerstand leisten kann?

Doch wenn die Theorie weitgehend Rossis Praxis bestimmt hat, so ist die Praxis selbst für die Theorie nicht ohne Folgen geblieben. Sie wirkt als deren Konkretisierung und Veranschaulichung, aber auch als deren Bekräftigung und Erweiterung. Nicht lediglich, weil ein theoretisches Versprechen, das praktisch eingelöst wird, an Glaubwürdigkeit gewinnt, sondern weil vieles, das verbal nur angedeutet zu werden vermochte, im gebauten Œuvre mit dem gesamten Reichtum seiner Implikationen und Bezüge erkennbar wird.

Eins geht aus diesem Reichtum mit besonderer Deutlichkeit hervor: die Überzeugung, dass Architektur eine Disziplin ist, die über eine eigene wissenschaftliche Rationalität verfügt und damit vermittelbar ist. Dieser Überzeugung

Die Architektur der Stadt
Italienische Ausgabe, Mailand 1995

Die analoge Stadt
Tafel zur Biennale, Venedig 1976

gab Rossi konkreten Ausdruck, als er 1973 zusammen mit anderen Autoren das Buch *Architettura razionale*[6] anlässlich der 15. Mailänder Triennale veröffentlichte. Er fand dabei in einem amerikanischen Kollegen einen Gleichgesinnten, dessen zentrales Buch im gleichen Jahr wie *L'architettura della città* erschien: Robert Venturi, der mit *Complexity and Contradiction in Architecture*[7] das intellektuelle Manifest der architektonischen Postmoderne verfasste.

Der Vergleich scheint auf den ersten Blick kühn. Denn während Rossi eine asketische Architektur fordert und das eigene künstlerische Idiom aus der obsessiven Wiederholung immer gleicher archetypischer Elemente entwickelt, bekennt sich Venturi zur »chaotischen Lebendigkeit«, die er der »langweiligen Einheitlichkeit« vorzieht. Und doch ist in beiden Traktaten die Geschichte der Architektur und der Stadt das Repertoire, aus dem Lehren für das zeitgenössische Tun gezogen werden. Beide stellen den Mythos des Architekten als Demiurgen, der dank einer Eingebung etwas nie Dagewesenes schafft, radikal in Frage. Beide beschwören eine Architektur, die nicht der Willkür eines selbst ernannten Künstlers entspringt, sondern den Notwendigkeiten des Lebens, für das sie entworfen und gebaut wird. Und beide verwahren sich gegen das hohle Spektakel, das Baukunst zur Mode verkommen lässt.

Eine der unvergesslichen Vorlesungen, die Rossi an der Eidgenössischen Technischen Hochschule Zürich hielt (wo er zwischen 1972 und 1975 lehrte), schloss mit den Worten: »Meine Architektur steht sprachlos und kalt.« Einmal wieder spielte der Architekt auf die Unmöglichkeit an, »große Dinge« zu vollbringen, und auf die Notwendigkeit, sich auf die wenigen Gewissheiten zu beschränken, die unsere Zeit uns gönnt. Doch er spielte auch auf Friedrich Hölderlins Gedicht *Hälfte des Lebens* an, aus welchem er einen Vers paraphrasierte. Vielleicht wollte er in Erinnerung rufen, dass in der Kälte, die Fahnen klirren lässt, die Poesie heimisch werden kann. Vielleicht wollte er der Hoffnung Ausdruck geben, dass einmal auch in der ›Stadt der Erinnerung‹ Menschen wohnen können – möglicherweise sogar, wie Hölderlin träumte, ›dichterisch wohnen‹.

1 Aldo Rossi, *L'architettura della città*, Padua 1966; dt. *Die Architektur der Stadt. Skizze zu einer grundlegenden Theorie des Urbanen*, Bauwelt Fundamente, 41, Düsseldorf 1973.

2 Saverio Muratori, *Studi per una operante storia urbana di Venezia*, in: *Palladio*, Jg. 9, Heft 1–2, Januar–Juni 1959, S. 97–209; in Buchform erschienen als: Ders., *Studi per una operante storia urbana di Venezia*, Bd. 2, Rom o. J. [1960]. Muratori verfolgt ein zweifaches Ziel: Er will den Bruch zwischen den technischen und den historisch-theoretischen Disziplinen vermeiden und die Architektur mit der Stadt verknüpfen. Zehn Jahre lang untersuchte er zusammen mit Dozenten und Studenten des Istituto Universitario di Architettura di Venezia das städtische Gewebe nach der typologischen Methode. Aus diesen Untersuchungen zieht er drei grundsätzliche Schlussfolgerungen: 1. Der Typus gewinnt seine Eigenart nur in der konkreten Anwendung, d. h. in dem gebauten Gewebe, 2. das städtische Gewebe gewinnt seinerseits seine Eigenart nur im gesamten städtischen Organismus und 3. die Gesamtheit des städtischen Organismus lässt sich nur in ihrer historischen Dimension begreifen. Von dieser These aus ist es nur ein kleiner Schritt zu der abschließenden Feststellung der Einheit von Stadtgeschichte und architektonischer oder städtischer Neuplanung. Vgl. auch: Paolo Maretto und Saverio Muratori, *Studi per una operante storia urbana di Venezia II*, in: *Palladio*, Jg. 10, Heft 3–4, Juli–Dezember, 1960, S. 97–202; in Buchform erschienen als: Paolo Maretto, *L'edilizia gotica veneziana.*, *Studi per una operante storia urbana di Venezia*, hrsg. von Saverio Muratori, Bd. 2, Rom o. J. [1961]. Die Studie ist in engster Nähe zu jener Muratoris angesiedelt;
Guido Canella, *Relazioni tra morfologia, tipologia dell'organismo architettonico e ambiente fisico*, in: Ernesto Nathan Rogers u.a., *L'utopia della realtà. Un esperimento didattico sulla tipologia della Scuola Primaria*, Bari 1965. Er definiert die Typologie als die »Systematik, welche die Invariante in der Morphologie sucht« (S. 69);
Carlo Aymonino, *La formazione del concetto di tipologia edilizia* sowie *Ipotesi e realtà della forma urbana*, in: *La formazione del concetto di tipologia edilizia*, Atti del corso di caratteri distributivi degli edifici, hrsg. vom Istituto Universitario di Architettura di Venezia, Venedig 1965, S. 2–21 und S. 53–68; sowie: Carlo Aymonino, *La formazione di un moderno concetto di tipologia edilizia* und *Problemi di morfologia urbana*, beide in: *Documenti del corso di caratteri distributivi degli edifici*, hrsg. vom Istituto Universitario di Architettura di Venezia, Venedig 1966, S. 13–51 und S. 53–65. Aymonino hebt den experimentellen Aspekt hervor, der mit dem Begriff des Typus zusammenhängt. Rossi geht weiter als Aymonino und unterstreicht die Logik des Typus; für ihn ist dieser mit der Idee der Architektur gleichzusetzen: »Io sono propenso a credere che i tipi della casa d'abitazione non siano mutati dall'antichità ad oggi ma questo non significa affatto sostenere che non sia mutato il modo concreto di vivere dall'antichità ad oggi e che non vi siano sempre nuovi possibili modi di vivere. La casa a ballatoio è uno schema antico e presente in tutte le case urbane che vogliamo analizzare; [...]« (Aldo Rossi, *L'architettura della città*, op. cit., Anm. 1, S. 32/33; »Ich neige der Auffassung zu, daß die Typen des Wohnbaus sich seit der Antike bis heute nicht verändert haben. Das heißt indessen nicht, daß sich die konkrete Lebensweise in diesem Zeitraum nicht verändert hat und daß nicht noch zahlreiche andere Lebensweisen möglich wären. So ist das Laubenganghaus ein antiker Typus, der bis heute existiert«, Aldo Rossi, *Die Architektur der Stadt*, op.cit., Anm. 1, S. 28);
Giorgio Grassi, *La costruzione logica dell'architettura*, polis n. 4, Quaderni di architettura e urbanistica diretti da Aldo Rossi, Padua 1967. Stärker noch als Rossi stellt Grassi die interne Logik des Typus als ›richtige Lösung‹ heraus.

3 »Le mot *type* présente moins l'image d'une chose à copier ou à imiter complètement, que l'idée d'un élément qui doit lui-même servir de règle au modèle. [...] Le modèle, entendu dans l'exécution pratique de l'art, est un objet qu'on doit répéter tel qu'il est; le *type* est, au contraire, un objet d'après lequel chacun peut concevoir des ouvrages qui ne se ressembleroient pas entre eux. Tout est précis et donné dans le modèle; tout est plus ou moins vague dans le *type*. Aussi voyons-nous que l'imitation des *types* n'a rien que le sentiment et l'esprit ne puissent reconnoître [...]« (Antoine Chrysostome Quatremère de Quincy, *Dictionnaire historique d'architecture*, 2 Bde., Paris 1832, Bd. 2, S. 629.) Diese Definition ist von Giulio Carlo Argan in dem Aufsatz *Sul concetto di tipologia architettonica*, in: *Progetto e destino*, Mailand 1965, wieder aufgenommen worden und auch von Aldo Rossi in: *L'architettura della città*, op. cit., Anm. 1, S. 31.

4 »Andate in un ospizio: il dolore è qualcosa di concreto. Esso è nella mura, nei cortili, nelle camerate.« (Aldo Rossi, *L'architettura della città*, op. cit., Anm. 1, S. 112; dt. Übersetzung zit. nach: Aldo Rossi, *Die Architektur der Stadt*, op. cit., Anm. 1, S. 89.)

5 »Ammettevo che il disordine delle cose, se limitato e in qualche modo onesto, rispondesse meglio al nostro stato d'animo. Ma detestavo il disordine sfiduciato, che si esprime come indifferenza all'ordine, una specie di ottusità morale, di benessere soddisfatto, di dimenticanza. A cosa avrei potuto aspirare nel mio mestiere? Certo a poche cose, visto che le grandi cose erano storicamente precluse.« (Aldo Rossi, *Autobiografia scientifica*, Turin 1990, S. 27; 1. Auflage als: Aldo Rossi, *A Scientific Autobiography*, Cambridge/Massachusetts und London 1981, S. 23; dt. Übersetzung zit. nach: Aldo Rossi, *Wissenschaftliche Selbstbiographie*, Bern und Berlin 1988, S. 38.)

6 Ezio Bonfanti, Rosaldo Bonicalzi, Gianni Braghieri u. a., *Architettura razionale*, Mailand 1973.

7 Robert Venturi, *Complexity and Contradiction in Architecture*, The Museum of Modern Art Papers on Architecture 1, New York 1966; dt. *Komplexität und Widerspruch in der Architektur*, Braunschweig 1978.

Aldo Rossi als Architekturhistoriker und Kritiker

Lionello Puppi

Es scheint mir, als hätten sich diejenigen, die sich mit Aldo Rossis Schaffen auseinander gesetzt haben, nie gefragt, ob und inwieweit dieser Architekt auch als Architekturhistoriker betrachtet werden kann. Und falls ja, welches sein persönlicher Beitrag für diese Disziplin und somit ihre kritische Ausübung gewesen wäre. Ich bin mir vollkommen bewusst, dass eine solche Fragestellung ein sicheres Geschichtskonzept voraussetzt, über das sich allerdings selbst Historiker keineswegs einig sind. So soll es hier ausreichen, sich an eine grundsätzliche Definition zu halten, auf die wir uns auch im Folgenden beziehen werden: nämlich die Geschichte nicht so sehr als »Wissen um die Vergangenheit, das als Modell für die Zukunft dient«, zu betrachten, sondern vielmehr als »Gedächtnis des Menschengeschlechtes, dem sie Bewusstsein seiner selbst und Identität, [sowie] Position und Kontinuität in der Zeit verleiht« (Georges Lefebvre)[1]. Somit wird Geschichte notwendigerweise zu einer Synthese, die die gesamte Vielfältigkeit des Lebens der Menschen umfasst und erklärt, »so wie es sich vor unseren Augen in Zustimmung und Zurückhaltung, Ablehnung, Verschworenheit und Preisgabe angesichts von Veränderung und Tradition verwebt« (Fernand Braudel)[2]. Wenn nun Geschichte all dies ist, und wenn die Disziplin der Geschichte aus dem kritischen und aktiven Bewusstsein von alldem besteht, und vor allem auch unter Berücksichtigung Aldo Rossis unzähliger, theoretischer und methodologischer Schriften, die seinem Werk *L'architettura della città* (1966) vorausgehen und folgen, dann ist er auch ein Historiker: selbstverständlich einer aus der Sicht der Kunst, oder, besser gesagt, der Architektur als der die Form und die Struktur der Stadt konstituierenden und somit nicht von ihr zu trennenden Episode. In Anbetracht der historiografischen Haltung Rossis, die von dem Bedürfnis geprägt ist, der Architektur nicht so sehr ein Wertprimat innerhalb einer äußerst bezweifelbaren Hierarchie der Künste zuzuweisen, sondern vielmehr einen erkenntnistheoretischen Status der Selbstständigkeit gegenüber jeder anderen Form künstlerischen Ausdrucks, sollte die Unterscheidung zwischen Kunst und Architektur keineswegs übertrieben und spitzfindig erscheinen. Selbstverständlich handelt es sich um eine konzeptuelle Strategie, die als solche keineswegs ausgefallen ist, da sie zu einer langen und schwierigen Suche gehört. Diese Suche wird als »unverzichtbar für die Geschichte der Architektur, für die in ihrem Fortschreiten erzählte Archi-

Aldo Rossi vor dem Mosaik *Le Arti* (1933) nach Gino Severini
im Salone d'Onore des Palazzo dell'Arte, Triennale
in Mailand, Dezember 1995

tektur, für das Errichten einer Geschichtsschreibung der die moderne Architektur kennzeichnenden Ereignisse« empfunden.[3] Sicherlich verhehlt Rossi keineswegs, sondern betont vielmehr in aller Deutlichkeit, dass dieses »geschichtsschreibende Bauen«, um das er sich sorgt und bemüht, insoweit Geltung hat, als es die Offenbarung eines Handwerks ermöglichen kann und soll. Eines Handwerks, das in diesem Zusammenhang zu erforschen ist, um es in seine Geschichte zu übersetzen. Und, um gleichzeitig die Grundlagen einer Theorie des Entwerfens zu konstituieren, welches für ihn »das wichtigste und gründende Moment jeder Architektur darstellt«, wodurch das »historiografische Bauen« Bestandteil einer umfassenden »Theorie der Architektur« wird. Dennoch »können die Architektur und die Theorien der Architektur, wie auch alles andere, von bestimmten Konzepten beschrieben werden, welche ihrerseits nicht absolut und neutral sind [...]. Demnach ist beim Entwurf einer Theorie der Architektur auch die Beziehung zur Geschichte eine Beziehung, die aus Entscheidungen entsteht. [...] Das Fehlen einer Tendenz offenbart die Nutzlosigkeit und Unbedachtheit vieler Forschungen.«[4] Wenn also eine solche Haltung sowohl die ›Entzauberung‹ Max Webers als auch den ›Pessimismus‹ Friedrich Nietzsches, so wie er in *Vom Nutzen und Nachteil der Historie für das Leben* dargestellt wird, implizit ablehnt, autorisiert sie zudem zu anderen bedeutenden und radikalen Ausschlüssen – die der vorurteilsfreien Annahme,

Radierung *L'architecture assassiné*, 1974
Radierung *Dieses ist lange her/Ora questo è perduto*, 1975

den unterschiedlichsten methodologischen Vorschlägen und den unerwartetsten Ermittlungsinstrumenten aus dem weiten Bereich der Geisteswissenschaften freien Lauf lassen. In der Tat scheint Rossi gegenüber allen Bemühungen vollkommen gleichgültig zu sein, den ästhetischen Charakter der Architektur zu behaupten und zu legitimieren, wie sie in Italien zwischen den fünfziger und siebziger Jahren des 20. Jahrhunderts nicht nur von Architekten, die sich der Geschichtsschreibung und der Kritik verpflichtet hatten, wie Giovanni Klaus Koenig und Bruno Zevi, sondern auch von Kunsthistorikern wie Carlo

Ludovico Ragghianti, Giulio Carlo Argan und Sergio Bettini vorangetrieben wurden. Rossi vermeidet es, mit diesen einen Disput zu eröffnen. Er verzichtet also auf eine wie auch immer geartete Konfrontation. Er übergeht sie einfach schweigend, vielleicht mit Ausnahme von Argan, bei dem er, wie er zugibt, seine Aufmerksamkeit für die Problematik der Typologie, wie es von Quatremère de Quincy erarbeitet worden war, sowie das Interesse für die Vereinheitlichung des Verständnisses von Natur und Gesellschaft durch die Kultur der Aufklärung schätzt. (Er gebraucht vielmehr dessen Argumentation, um in einer sehr harten Rezension von *Die Revolution der modernen Kunst*[5] die fehlende Aufmerksamkeit für den historischen Kontext und den Hang Hans Sedlmayrs zum metaphysischen Eskapismus anzuprangern.) Nichts sagt er hingegen über die Neigung von Ragghianti, in der Erforschung der Entstehung und Entwicklung der kreativen Prozesse das Gedankengut von Benedetto Croce wiederzubeleben. Nichts sagt er über das Engagement von Bettini, die Lektion der Wiener Schule und im Besonderen Alois Riegls zu verwenden, um eine semantische Kritik der Architektur zu entwickeln. Nichts sagt er über die Hartnäckigkeit, mit welcher Zevi versuchte, die Architektur im Rahmen einer starren Raum-Form zu umschreiben. Nichts sagt er über die ausdauernde Geduld Koenigs, der durch Vermittlung der theoretischen Positionen Argans und Bettinis zu einem dialektischen Ansatz der Architektur als einem Abbild der Strukturierung des menschlichen Lebens in Zeit und physischem Raum gelangt; ein Abbild, das sich in der Stadt als Ergebnis der Zeichen menschlicher Existenz und somit als formelle Struktur der Geschichte verwirklicht. Selbst da, wo Aldo Rossi seine Übereinstimmung mit der geschichtskritischen Vision eines Manfredo Tafuri und James Ackermann offen bekennt[6], greift er nur Teilaspekte dieser Vision auf, indem er sie zur Stützung der eigenen tief verwurzelten Überzeugung über die Entwicklungen der Typologie oder die Kenntnisse des Klassizismus und der Imitation einsetzt. Dieser bereits erwähnte Vortrag ist vor allem deshalb, weil er ›in limina vitae‹ formuliert wurde, besonders dort sehr aussagestark, wo er die eigene Forderung nach einer »palladianischen Erziehung«[7] mit einer Lehre motiviert, in der »der Sinn für die Natur, für den Bau, für die Antike und das Zukünftige gegenwärtig« sind: Diese sind die Kernpunkte, um welche sich die Frage Rossis nach der Rolle der heutigen Architektur dreht. Rossis Theorie erweist sich auf lange Sicht als von Bezügen getragen, an denen die italienischen Intellektuellen zum Zeitpunkt, zu dem er sie formulierte, eher desinteressiert scheinen. Wenn Rossi sich in seinem geistigen Testament die Behauptungen Joseph Roths[8], die ihm von Francesco Dal Co übermittelt wurden, zu Eigen macht, nach denen »es kein unbegrenztes und pures Zukünftiges gibt, so wie es das definitiv Verlorene nicht gibt«, so erscheint er doch auch schon frühzeitig von den Argumentationen Lukács' in *Ästhetik. Die Eigenart des Ästhetischen* von 1963 überzeugt, wonach »die Architektur als Kunst den sozialgeschichtlichen Veränderungen gegenüber besonders empfindlich ist«[9], außerdem von den Überlegungen Hans-Georg Gadamers in *Wahrheit und Methode* von 1965 über die dynamische Integration von Neuem und Antikem, die der Realität der architektonischen Monumente innewohnt, »die vom Fluss der Geschichte zu uns getragen wurden« und von demselben in die Zukunft gedrängt werden.

Wir sollten uns an dieser Stelle damit auseinander setzen, dass Rossi, als er sich ja eben um die Erarbeitung einer Theorie der Architektur bemüht, die auch eine historiografische Sichtweise auszurichten vermag, eine ablehnende oder ausweichende Haltung gegenüber anderen Stimmen einer italienischen Kultur einnimmt, die ihrerseits nach einer Lösung desselben Dilemmas strebt, wenn auch ausgehend von anderen theoretischen Sichtweisen, mit anderen methodologischen Ansätzen und mit anderen Antworten. Einer Kultur, dies soll auch gesagt werden, die es nicht versäumt hat, mit dem Schweigen, das sie Rossis Vorschlägen entgegensetzte, sein Desinteresse zu vergelten. Es ist allzu offensichtlich, dass dies alles in einen Zusammenhang von Konflikten und Orientierungslosigkeit gehört, zu dem Tafuri eine gnadenlose Analyse geleistet hat, die im Folgenden in ihren Hauptpunkten zusammenfassend dargestellt werden soll. Diese sind mindestens zwei: Einerseits konstatiert Tafuri[10], dass nach Ende des Zweiten Weltkriegs, der die historische Substanz italienischer Kunststädte tief greifend verletzt hatte, die Notwendigkeit, im Sinne eines Wiederaufbaus einzugreifen, für die dafür berufenen Architekten[11] die Verpflichtung herbeiführte, sich mit der Geschichte auseinander zu setzen. Auf der anderen Seite erwies sich die politische Regierungsklasse sofort als unvorbereitet und unfähig, spezifische Planungsmaßnahmen für den Wiederaufbau auszuarbeiten.[12] Dies alles drängte die Architekten in eine äußerst gefährliche doppelte Stellvertreterrolle als Historiker und als Planer. Viele waren nicht ausreichend gerüstet, diese Rolle erfolgreich auszuüben, was unweigerlich zur Enttäuschung führen musste. So versuchten sie nun, der zerstörerischen Barbarei die traditionellen Werte der Kultur entgegenzusetzen: sei es in der Identifikation der Kultur mit einer regionalen Dimension, sei es in einer erweiterten Dimension, die auch national-populäre Inhalte aufnehmen konnte. Das Schicksal von Persönlichkeiten wie Ernesto N. Rogers und seiner Gruppe, Ludovico Quaroni, Giovanni Michelucci, Mario Ridolfi, Giuseppe Samonà, Luigi Piccinato und Franco Albini vollzieht sich in ebenjener Spirale, in welcher sich die starrköpfige Nostalgie nach dem Erbe der geschichtlichen Tradition der Gefahr widersetzt, dem Untergang jeder Hoffnung in einer Ideologie des Fortschritts beizuwohnen. Diese Nostalgie führt letztendlich zu willkürlichen Interpretationsspielen und zur Sammlung und willkürlichen Zusammenfügung von Zitaten. Dies passiert in dem Moment, in dem die Vorschläge der Kunsthistoriker (Bettini, Argan) und der Geschichtsschreibung und der Kritik ›ausgeliehenen Architekten‹ (Zevi, Koenig), die deren Lehren angenommen hatten, abgelehnt werden, weil sie ihren Selbstzweck im Formalismus und im

Radierung *Composizione urbana*, 1973

Radierung *Composizione urbana
con monumento*, 1973

Philologismus sehen. Es handelt sich um eine Sackgasse, in der sich unvermeidlich die nachfolgende Generation von Architekten[13] festgefahren hat, ohne dass jedoch der Anspruch, den Entwurf des Neuen in der Geschichte zu verankern, im Zweifel widerrufen oder in eine Krise versetzt wurde. Und doch wird die auf die Protagonisten der Renaissance und des Barock ausgerichtete Geschichtsforschung einen Paolo Portoghesi nicht davon abhalten, letzten Endes auf den von Robert Venturi aufgezeigten ›Populismus‹ und auf die von Charles Jencks ausgerufene ›Doppelkodierung‹ mit Sympathie zu sehen. Der Versuch Leonardo Benevolos, die gesamte *Geschichte der modernen Architektur* auf systematische Weise, aus einer soziologischen Sicht der Beziehung zwischen wirtschaftlichen Strukturen und künstlerisch-kulturellen Produktionen, neu zu lesen, ist in Wirklichkeit das Werk eines Städteplaners, der, wie Koenig kaustisch bemerkt, »in Abwesenheit eines befriedigenden Handbuches gezwungen ist, es sich selber zu schreiben.«[14] Angesichts eines solchen Panoramas ist Tafuri (der sich ja zuvor ebenso die Hoffnungen des Neorationalismus zu Eigen gemacht hatte) sarkastisch. Er fragt sich nämlich, ob die Besessenheit, in der Tradition

Radierung *La grande torre*, 1974

Radierung *Architettura domestica*, 1974

die Legitimierung für jede ›novitas‹ zu suchen, die die italienische Architekturbetrachtung weiterhin kennzeichnete, nicht das Symptom der Krise darstelle, in welche der Begriff ›novitas‹ selbst, so wie er weiterhin gefordert und angenommen wurde, eingetreten war. Sich auf eine philosophische Tradition berufend, die in ihrer Wiederaufnahme durch Massimo Cacciari Nietzsche an Heidegger knüpft, konstatiert Tafuri, dass, sofern die ›techne‹ der zeitgenössischen Architektur den vollendeten, von Nietzsche angekündigten Nihilismus erreicht hat, die »gewaltsame« Beharrlichkeit des Wunsches nach einer Verbindung zur Geschichte ein Paradoxon ist, weil dies »nur die Vernichtung nicht nur der Gegenwart, sondern auch der Zukunft«[15] bedeutet. Es bedeutet: Es ist Zeit, dass sich die Architektur radikal außerhalb der Geschichte, die sich ja selbst nach ihrem Sinn hat fragen müssen, befragt. Im Lichte dessen, was im ersten Teil dieses Essays angemerkt wurde, ist es evident, dass die Haltung Rossis nicht nur den Katastrophismus des späten Tafuri meidet, sondern auch eine interessante Alternative zu diesem darstellt. Wenn auch aus dem Bewusstsein einer radikalen Behauptung Nietzsches, welche Adolf Loos als Epigraf der Sammlung seiner Schriften vorausgestellt hatte: »Das Entscheidende geschieht trotzdem«, wobei er jedoch nicht akzeptiert, dass dies bedeuten müsse, »den Weltuntergang zu fürchten.«[16] So gesehen, bleiben sowohl der Druck zur ›novitas‹ um jeden Preis als auch die Resignation unter dem Gewicht einer absolut und unterschiedslos verpflichtenden Tradition ausgeschlossen.

Rossi schreibt in der *Autobiografia scientifica*[17]: »Ich las die Bücher der urbanen Geographie, der Topographie, der urbanen Geschichte, wie ein General, der alle möglichen Schlachtfelder kennen möchte […]. Zu Fuß durchlief ich die Städte Europas, um ihren Grundriß zu verstehen und sie unter einem Typ zu klassifizieren.« So verstand er, dass, obgleich »die Zeit der Architektur eine unheilvolle Zeit ist, die sich die Dinge zurücknimmt«, es schon Identitäten gibt, die verloren gehen können. Aber es ist nicht gesagt, dass diese nicht auch fortdauern und dass es nicht möglich sei, sie als Haltung und als Entscheidung wiederzufinden. Aber genau dies musste das beharrliche Bedenken beim Überarbeiten des ästhetischen Kanons der Architektur lenken, von dem wir eingangs sprachen, und das bei den Protagonisten der ›génération de l'incertitude‹, gegen die Tafuri seine Polemik richtete, keineswegs ebenso ausdauernd und konsequent ist. Auch Aldo Rossi selbst hatte einigen von ihnen heftige Kritik nicht vorenthalten, als er in *Casabella Continuità* einen Fragebogen Ernesto N. Rogers' beantwortete.

»Ich verstehe Architektur«, schreibt Rossi in dem schon zitierten Essay über die Theorie des architektonischen Entwurfs, »im positiven Sinne als eine Schöpfung, die vom Leben und der Gesellschaft, in der sie sich manifestiert, untrennbar ist; sie ist zum größten Teil eine kollektive Tat«, die die Schaffung eines günstigeren Umfelds zur Errichtung eines »künstlichen Klimas […] nach ästhetischer Absicht« zum Zweck hat und untrennbar ist von der Definition der ersten Spuren der Stadt. Deshalb sind Architektur und Stadt »création humaine« (Viollet-le-Duc)[18]; oder vielmehr »chose humaine par excellence« (Claude Lévi-Strauss); »Zeichen integrierter menschlicher Beziehungen« (Lewis Mumford) und »total künstliche Produktion« (Cattaneo). Und dies ist der grundsätzliche und unwiderrufliche Unterschied zu allen anderen Künsten, weil Architektur und Stadt von der Mimesis absehen, also von dem »von der Natur geformten Modell« (Francesco Milizia). Und es steht die in der Stadt verwirklichte Architektur mit der Zeit als eine Begebenheit da, die zwar wiederzugeben ist, in der jedoch »die chronologische Abfolge der Ereignisse an Bedeutung verliert«, und das, was zählt, ist nach Ferdinand de Saussure »die Erforschung der Kräfte, die in andauernder und universeller Weise im Spiele sind«.[19] Demgemäß »gewinnt hingegen die Tendenz eine relevante Bedeutung« einerseits, und andererseits die typologischen Konstanten: eben dort, wo – im Einklang mit Quatremère de Quincy – »das Wort Typ nicht so sehr ein Bild eines Dinges darstellt, das es perfekt nachzubilden gilt, als vielmehr die Idee eines Elementes, das selbst dem Modell als Regel dienen soll«, und wo die Tendenz von der rationalen Intelligenz geregelter »Stilwille« ist, die wir, im Einklang mit Adolf Behne, als die Anlage zur Vermittlung »der weitestmöglichen Anpassungsfähigkeit an die größtmögliche Anzahl von Notwendigkeiten«[20] verstehen. So ist es also kein Zufall, dass Rossis erste Essays, welche seinen Architekturentwürfen vorausgehen, die neoklassizistische Architektur und den neoklassizistischen Städtebau Mailands[21] und Turins[22] betreffen und Namen, die von der offiziellen Geschichtsschreibung vernachlässigt oder verdrängt worden waren, nicht nur Giuseppe Piermarini und Luigi Cagnola oder Alessandro Antonelli, sondern auch Simone Cantoni, Luigi Canonica, Carlo Promis, Crescentino Caselli oder Carlo Ceppis, neu bewerten. Ebenso ist es kein Zufall, dass Rossi, unter Verwendung der Studien des Soziologen Gilberto

Freye, seine Aufmerksamkeit den südamerikanischen Kolonialstädten zuwendet. Wobei er beobachtet, wie Haus- und Stadt-Typologien, die von den Portugiesen nach Brasilien gebracht wurden, strukturell den Anforderungen der sich neu bildenden Gesellschaft angepasst wurden. Und es ist auch kein Zufall, dass er einerseits die »Umwandlung in eine moderne Metropole« einer Stadt, die noch »bis vor wenigen Jahren eine asiatische und mittelalterliche Struktur hatte«, im sowjetischen Moskau erkannte, oder dass er die innovativen und positiven Aspekte des »Versuchs« einer Beziehung zwischen Wohnbereichen und Verkehrsstruktur unterstrich, der beim Wiederaufbau des Stadtzentrums Ostberlins unternommen wurde.[23] Und dass er andererseits in Italien unter den Ersten war, der Étienne-Louis Boullée, Peter Behrens und Adolf Loos in glänzenden Essays bedachte.[24]

L'architettura della città wurde 1966 von Marsilio Editori in Padua herausgegeben[25], mehrfach nachgedruckt und seit 1978 von CLUP in Mailand neu aufgelegt sowie in etwa zehn Sprachen übersetzt, häufig mit einem Vorwort oder einer Ad-hoc-Postille des Autors versehen. In diesem Werk verleiht Rossi seinen theoretischen Gedanken und seinem Entwurf einer Geschichtsschreibung der ›Tendenz‹ eine systematische Ordnung: Es ist interessant, zur Bestätigung der Exzentrizität und der Heterodoxie (aber auch der Originalität und der Weitsicht) seiner Studien und seiner Bezüge, die gegliederte Bibliografie durchzusehen, die sich mit der Neuauflage von 1987 verfestigte und die er in den Noten am Ende der Kapitel aufschlüsselt. Nicht etwa Riegl und die Wiener Schule, sondern *The Culture of Cities* von Mumford und die Erfahrung der Existenz in literarischer Form eines Michel de Montaigne oder eines Thomas Mann sind die Grundlagen seiner Idee der »Stadt als Kunstwerk«. In dem Bewusstsein aber, dass die Stadt auch Funktion und Darstellung »kollektiver Tatsachen« ist, die sich in der Struktur eines »Manufaktes« definieren, bezieht sich Rossi auf die Entschlüsselung »natürlicher Tatsachen«, wie sie der Positivismus der Aufklärung vorstellte. Wenn Rossi auch die Überlegungen zur ›city as artifact‹ von John Summerson berücksichtigt, bereichert er sie, indem er auf die *Anthropo-Geographie* von Friedrich Ratzel und die Ökologie von Maximilien Sorre zurückgreift. Darüber hinaus bezieht er auch die Untersuchungen von Georges Chabot, Robert E. Dickinson, Artur E. Smailes, John H. G. Lebon, Jacqueline Beaujeu-Garnier und von Jean Tricart sowie die Soziologie von Max Weber ein. Er setzt sich mit den historischen Forschungen von Marcel Poëte, von der Antike bis zur Evolution von Paris (»de sa naissance à nos jours«), sowie von Pierre Lavedan auseinander, von dem er außer der monumentalen *Histoire de l'urbanisme* auch mit großer Aufmerksamkeit die Verlagstätigkeit als Herausgeber der Dreimonatsschrift *La vie urbaine* verfolgt. Doch solch eine Anhäufung von Bezügen wird von Rossi gefiltert und schließlich in eine organische und effiziente Ordnung gefügt, in welcher – wie Peter Eisenman bemerkte – eine präzise Unterscheidung zwischen Geschichte und Erinnerung eingeführt

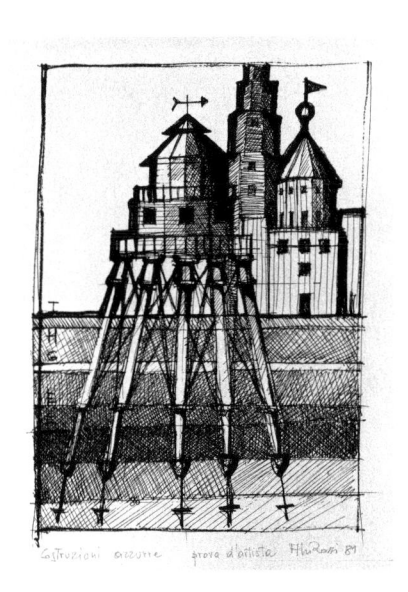

Radierung *Costruzioni azzurre prova d'artista*,
1981

wird, die spiegelbildlich ist zu der Berichtigung der Definition der Konzepte von Typ, Monument und Locus. Die Geschichte besteht so lange, wie ein Gegenstand, in Form von Beziehungen zu seiner ursprünglichen Funktion, in Gebrauch bleibt. Wenn sich aber Form und Funktion trennen und allein die Form am Leben bleibt, überlässt die Geschichte das Feld der Erinnerung, da diese von einem Locus des kollektiven Lebens und von dem Selbstbewusstsein der Identität getragen ist, indem sie das Entwurfspotenzial der Erinnerung im selben Moment herausfordert, in dem sie die Erinnerung der Gefahr der willkürlichen Manipulation entzieht und sie der Tendenz der Vernunft anvertraut, so wie sie von der Aufklärung des 18. Jahrhunderts theoretisiert wurde.

Es muss gesagt werden, dass die solchermaßen von Rossi erarbeitete Theorie der Architektur vor allem als reine Entwurfstheorie aufgenommen und diskutiert wurde, zu deren Neuordnung sie umgekehrt nur beitragen wollte. Es ist ebenso eine Tatsache, dass sie in dieser Hinsicht aufgezwungenen Interpretationen, auch negativen Zeichens, oder Missverständnissen ausgesetzt war. Während es so zum Beispiel doch außer Zweifel steht, dass die Theorie der Architektur eine nachdrückliche Aufforderung darstellt, die Praxis der Architektur der Versuchung zu entziehen, sich den Notwendigkeiten des Konsums zu unterwerfen, und dass sie somit die sich gegen Ende der sechziger Jahre in Europa bildenden neorationalistischen Strömungen anführt, scheint es mir übertrieben – wie es Kenneth Frampton in *Modern Architecture. A Critical History* zu tun scheint[26] –, sie als ein von der Nostalgie für die ordnende Struktur des Panopticon diktiertes Manifest zur ausschließlichen Bekräftigung der ›reinen Form‹ aufzulösen.[27] Es scheint mir nicht weniger übertrieben, dem Werk *L'architettura della città* die Rolle der Gründung der postmodernen Ästhetik und die Verantwortung dafür zuzuschreiben und es somit der Negation jedes möglichen Rationalismus entgegenzusetzen, wie es von Jane Jacobs in dem erfolgreichen Buch *The Death and Life of Great American Cities* (1961) artikuliert wurde, so wie es nun Terence Riley im Katalog der jüngsten Ausstellung des Museum of Modern Art in New York über die *Visionary Architectural Drawings from the Howard Gilman Collection* vorschlägt[28]. Im Einklang mit der Prämisse zu diesen Überlegungen und dem, was aus ihnen hervorgegangen ist, sind wir jedoch überzeugt, dass die Architekturtheorie Aldo Rossis, wenn auch nicht einen wirklich klaren und artikulierten Entwurf zur Geschichtsschreibung, so doch eine Einladung dazu, die Geschichte von Architektur und Stadt zu revidieren, darstellt (und dementsprechend die Ausübung der Kritik wahrzunehmen), und zwar nach anderen Parametern als denen, die normalerweise sowohl von Kunsthistorikern als auch von den der Geschichtsschreibung ›geliehenen Architekten‹ angewandt werden. Als Kunsthistoriker bin ich überzeugt, dass es sich um eine Einladung handelt, die anzunehmen sich lohnt; ich halte es für geboten zu bestätigen, dass Aldo Rossi auch ein Historiker der Architektur und der Urbanistik gewesen ist, ein Historiker, der zu diesen Disziplinen einen Beitrag von überraschender Originalität geleistet hat.

Bibliografische Anmerkungen
Eine komplette Bibliografie der Schriften Aldo Rossis bis 1976 ist in dem von R. Bonicalzi in Absprache mit dem Autor herausgegebenen Band *Scritti scelti sull'architettura e la città, 1956–1972*, Turin 1978, enthalten; auf dieses Buch haben wir daher mehrfach Bezug genommen.
Was *L'architettura della città* anbelangt, haben wir die von D. Vitale bei CLUP in Mailand 1987 herausgegebene Auflage genutzt. Sie enthält auch die Texte der Einleitungen, die der Autor für den Neudruck von 1970 (Marsilio Editori, Padua) und für die in portugiesischer (1977) bzw. in englischer (1982) Sprache erschienene Ausgabe geschrieben hat sowie die Anmerkungen, die er für die deutsche (1973) und die griechische (1986) Ausgabe verfasst hat.
Die *Autobiografia scientifica* haben wir in der Ausgabe Mailand 1999 benutzt, während die Texte über *Un'educazione palladiana* und *Teatri, teatrini e spazi scenici* (die 1996 noch unveröffentlicht waren) in dem von Luciano Semerani angeregten Band *Aldo Rossi e Venezia*, herausgegeben von G. Malacarne und P. Montini Zimolo, Mailand 2002, veröffentlicht sind. Darin sind des Weiteren einige Essays zu den theoretischen Überlegungen Rossis zu lesen, die auch Gegenstand der Einleitung von R. Bonicalzi zu dem oben zitierten Band *Scritti scelti* bilden.
Meines Wissens ist der vom Verleger Allemandi angekündigte Band mit Texten und grafischem Material Rossis nie auf dem Markt erschienen. Zum Thema Rossi als Architekturhistoriker gibt es meines Wissens keine spezifischen Veröffentlichungen. Interessante Ansätze (insbesondere von F. Dal Co, P. Eisenman und V. Scully) kann jedoch die von A. Ferlenga betreute *Antologia critica* bieten, die wir in der Ausgabe Barcelona 1992 konsultiert haben.

1 Entsprechend der bedeutenden Lehre des 18. Jahrhunderts, die mit Leopold von Ranke die Unabhängigkeit der Geschichte von Theologie und Moral gefordert und mit Jakob Burckhardt ihren Geltungsbereich als das Universum der Kultur im weitesten Sinne umschrieben hat. Georges Lefebvre, *La naissance de l'historiographie moderne*, Paris 197; it. *La storiografia moderna*, Mailand 1973, S. 12.
2 Fernand Braudel, *Scritti sulla storia* übers. von Alberto Tenenti, Mailand 1973, S. 237 ff.
3 Wie Roberto Masiero und Giorgio Pigafetta im Vorwort zu einer Anthologie von Texten, die in den letzten 150 Jahren aus dem Gedankengut der deutschen Ästhetik, von Schelling bis Gadamer, hervorgegangen sind, unterstreichen; vgl. *L'arte senza muse*, Mailand 1988.
4 Dies versicherte er anlässlich eines Seminars im Istituto Universitario di Architettura in Venedig während des akademischen Jahres 1965/66.
5 Erschienen in *Casabella Continuità*, Nr. 219, 1958, S. 32–35: *Una critica che respingiamo*.

6 Dies geschieht in dem am 18. September 1996 im Teatro Olimpico in Vicenza gehaltenen Vortrag zu *Un'educazione palladiana*, im Rahmen des 38. Kurses des Centro Internazionale di Studi di Architettura, der gewissermaßen als das geistige Testament anzusehen ist.

7 Diese hatte schon vormals in Form knapper Hinweise mehrfach Erwähnung gefunden, im Besonderen in seinem Essay *Caratteri urbani delle città venete*, verlegt und hrsg. von Carlo Aymonino über *La città di Padova*, Rom 1970, und in der Einleitung zur portugiesischen Ausgabe von *L'architettura della città*, Lissabon 1977.

8 Zitiert in *Un'educazione palladiana*, veröffentlicht in: *Aldo Rossi e Venezia*, S. 25.

9 Georg Lukács, Asthetik, Berlin 1963.

10 Zuerst in einem Essay, der im 1982 in Turin erschienenen 7. Band der *Storia dell'arte italiana* erschienen ist, und später in der *Storia dell'architettura italiana 1944–85*, Turin 1986.

11 Welche die katastrophalen Illusionen, die durch die Bewegung der Moderne geweckt worden waren, jedoch bereits erlitten hatten.

12 Die *Stadt des Menschen* von Adriano Olivetti erwies sich recht schnell als eine, wenngleich großzügige und begeisternde, Utopie.

13 Diese bezeichnet Massimo Scolari in einem polemischen Beitrag als »namenlos«; vgl. *Casabella*, Nr. 606, November 1993, S. 45–47.

14 Giovanni Klaus Koenig, *Architettura del Novecento. Teoria, storia, pratica, critica*, Venedig 1995, S. 99.

15 Manfredo Tafuri, *Storia, conservazione, restauro*, in: *Casabella*, 580, S. 23–26.

16 Aldo Rossi, *Scritti scelti sull'architettura e la città, 1956–1972*, S. 105.

17 Aldo Rossi, *Autobiografia scientifica*, S. 25f.

18 Zu Viollet-le-Duc, Mumford, Cattaneo und Milizia vgl. Aldo Rossi, *Scritti scelti sull'architettura e la città, 1956–1972*, S. 326.

19 Ferdinand de Saussure, *Cours de linguistique générale*, Paris 1922.

20 Adolf Behne, *Der moderne Zweckbau*, hrsg. von U. Conrads, Frankfurt und Berlin 1964.

21 Vgl. *Società*, XII,3 1956, S. 474–493.

22 Vgl. *Casabella Continuità*, Nr. 214, 1957, S. 63–67.

23 Vgl. *Casabella Continuità*, Nr. 288, 1964, S. 11–20.

24 Diese Essays erschienen als Einleitung zur italienischen Fassung des *Essai sur l'art*, 1967, bzw. als Artikel in *Casabella Continuità*, Nr. 240, 1960, und Nr. 233, 1959.

25 »Nel mezzo del cammin di nostra vita«, bemerkte Rossi, der ein »endgültiges Buch« verfassen wollte, mit diesem Dante-Zitat in der *Autobiografia scientifica*, S. 7.

26 Kenneth Frampton, *Storia dell'architettura moderna*, Bologna 1982.

27 Es ist hier anzumerken, dass vom *Panopticon* oder, nach Jeremy Bentham, dem Inspection House, Rossi in einem Referat über *L'architettura dell'illuminismo* die Absichten der Macht rügte und verwarf, menschliches Handeln durch die Rationalisierung der »antiken Grausamkeit« unerbittlich zu kontrollieren: Er mahnte vor den Gefahren, die der Unvorsichtigkeit einer Architektur innewohnen, welche soziale Ziele mechanistisch erreichen will (veröffentlicht in Vittorio Viale [Hrsg.], *Bernardo Vittone e la disputa fra classicismo e barocco nel settecento*, Atti del Convegno Internazionale promosso dall'Accademia delle Scienze di Torino, 2 Bde., Turin 1972).

28 Terence Riley (Hrsg.), *The Changing of the Avant-Garde. Visionary Architectural Drawings from the Howard Gilman Collection*, Katalog der Ausstellung im Museum of Modern Art, Queens, 24. Oktober 2002 – 6. Januar 2003, New York 2002.

Ein Ort für die Architektur

Marco Brandolisio · Giovanni da Pozzo · Massimo Scheurer · Michele Tadini

»Wichtig ist, sich nicht von dieser Welt bestimmen zu lassen, sondern sie so gut zu kennen, dass man sie steuern kann, soweit eine Steuerung möglich ist.«[1]

Dieser Satz Aldo Rossis aus einem Dialog über die Architektur enthält in Kurzform die persönliche Einstellung, die seine akademische Arbeit und sein Schaffen als Architekt bestimmt hat, mit der er versuchte, Wissen zu vermitteln. Mehr als eine Philosophie war dies eine Auffassung, die vielen Beziehungen und unterschiedlichen Aspekten zugrunde lag, welche die menschlichen Interessen am – Freude oder Unbehagen erzeugenden – Schaffen von Architektur verbinden. Dabei gab diese Einstellung stets eine präzise Antwort auf die Fragen, die die jeweiligen Situationen aufwarfen.

Fragen, Antworten, Mittel des Wissens und der Kommunikation: Immer wieder empfahl, uns Aldo Rossi, auf präzise, quasi konzise Weise eine Beziehung zur Welt herzustellen und dabei die Einbindung in die Diskurse zu meiden. Er empfahl, gleichzeitig aber das Wesen und die Komplexität der Dinge und der Menschen zu erkennen und all dies in die berufliche Arbeit einfließen zu lassen. Diese Einstellung zum Wissen, vermischt mit allen Nuancen, die sie mit sich bringt, also Neugier, Spiel, Engagement und Hingabe (manchmal auch an Vergebliches), war letztendlich die Ausgangssituation für die Beziehungen, auch die menschlichen, zu uns, die wir die Freude hatten, in seinem Studio an seiner Erfahrung teilzuhaben.

Das Studio war der Ort, an dem die Erfahrungen Aldo Rossis im Erkennen, im Entscheiden und im Schaffen in einem langen Prozess stattfanden und auf mitreißende Weise sublimiert in seiner Architektur zum Ausdruck kamen. Ein physischer Ort, der aber in Wirklichkeit mehrere Orte und mehrere Zeiten einschloss: kulturelles Engagement, akademische und berufliche Verpflichtungen, Begegnungen, Freundschaften, aber auch Suche nach Ruhe. Ein Ort, der die Reisen und gemeinsamen Erlebnisse, sein Haus am See und das Zusammensein vor dem Kamin in der Küche in der Via Rugabella mit einschloss. Ein Ort, der bis in Aldos Privatleben reichte, an dem teilzuhaben ein Privileg war.

Das Ganze im einzelnen Teil zusammenfließen lassen, um das Einzelne dem Ganzen zuzuordnen, war eine Gestaltungsregel im Sinne Leon Battista Albertis, an die Aldo Rossi sich treu hielt. Dieser Prozess des Erkennens und der Kohärenz hat auch das Wesen und die Form des Studios bestimmt, ausgehend von dem Mailänder Studio in der Via Maddalena, das sich in der Via Santa Maria alla Porta fortsetzte; dann die Verbindungen zu New York und Tokio, von

Das Studio in der Via Maddalena, Mailand 1988

Das Studio in der Via Santa Maria alla Porta, Mailand 1992

wo er immer wieder in der beherrschenden Figur des Maestro nach Mailand zurückkehrte. In erster Linie war das Studio ein vertrauter Ort, an den man sich zurückziehen, an dem man sich konzentrieren konnte, zum Schreiben, zum

Malen und Reflektieren. Diese Hingabe hatte aber nichts Asketisches. Vielmehr beinhaltete sie die gemeinsame Akzeptanz von Werten und Vorstellungen, welche die unterschiedlichen Zugehörigkeiten, die Entscheidung für Welten und Affinitäten unterstrichen, auf denen sich ein vorbehaltloses Vertrauen in die Vermittlung von Vorstellungen aufbauen ließ, unabhängig davon, ob sich diese Vorstellungen in Schriften, Zeichnungen oder Entwürfen niederschlugen.

Unsere Herkunft aus der Lombardei, aus dem Tessin, aus Triest, die Tatsache, dass wir Juden, Amerikaner, Schweizer oder Japaner waren, bildete den notwendigen, manchmal ausgewählten Schmelztiegel, bei dem weniger die einzelnen Personen wichtig waren (wenngleich dies natürlich vorkam) als vielmehr ihre impliziten kulturellen Eigenheiten, ihre idealisierte Qualität, die Aldo in den meisten Fällen noch zu verstärken vermochte.

Die Tatsache, einer Idee, einem Abenteuer anzugehören, war für Aldo Rossi immer die notwendige Voraussetzung des Schaffens. Der ideelle Prozess war für ihn das entscheidende Moment der Architektur, da er die Inszenierung des Entwurfs sublimiert. Ein starkes Bild, das es verdient, durch die Zeichnung beschrieben, entwickelt und durch das Bauwerk nachvollzogen zu werden. Auf dieser Ausdruckskraft der Ideen basierte dann ein disziplinimmanentes Schaffen, das sich nicht in einzelne Phasen oder Perioden zerlegen ließ. Es war stets gegenwärtig als kompletter und zusammenhängender Akt einer Art Übernahme von Verantwortung für das von der Idee erzeugte Erkundungsfeld. Auch aus diesem Grund hat Aldo Rossi stets Etiketten und Benennungen sowie Aufteilungen in Kultur- und Schaffensperioden abgelehnt. Er sah sie lieber als verschiedene Aspekte einer Einheit von Absichten, in denen immer der konstruktive Aspekt der Architektur und ihre zivilisatorischen Werte präsent waren.

Aldo Rossi als großen Theoretiker, als großen Künstler oder als großen Architekten zu bezeichnen, bedeutet, sein Schaffen nur zum Teil zu würdigen. Unabhängig von den Einteilungen seiner Werke seitens der Kritiker, die uns, offen gesagt, wenig interessieren, halten wir es für angemessen, ihn als hartnäckigen Erbauer in einem geradezu biblischen Sinn zu bezeichnen. Bauen bedeutet, eine Reihe von Elementen geordnet und angemessen zu verbinden mit dem Ziel, dem Endkomplex Formstabilität zu verleihen: Ob es gefällt oder nicht, genau dies war die Absicht, die den Vorstellungen und den Experimentierfeldern Aldo Rossis zugrunde lag. In diesem Sinne sind Bauen und Ordnen immer auf die von Aldo Rossi propagierte allgemeine Sicht der Architektur bezogen, die es ablehnt, vom Detail auszugehen. Dies geschah nicht so sehr aus einem gewissen Snobismus gegenüber dem Detail, sondern weil, wie er sagte, »das Detail schon in der allgemeinen Idee enthalten ist«. Das Erbauen ist demnach Teil eines Feldes, das über den einfachen Akt des Errichtens hinausgeht. Es ist ein moralischer Akt, der mit dem Begriff der Vermittelbarkeit des Denkens zusammenhängt und durch den Geltungsbereich des Realen bedingt ist. Jedoch in

Karl Friedrich Schinkel, *Blick in Griechenlands Blüte*, 1825 (Kopie von Wilhelm Ahlborn, 1836)

dem kantschen Bewusstsein, dass der Mensch keineswegs das Ideal der Vernunft erreichen, sondern allenfalls auf das Erreichen dieses Ideals gerichtete Prinzipien aufstellen kann. Die Prinzipien der Vernunft als Dialogform und das implizite Erkennen der Unmöglichkeit, alles zu steuern oder zu erklären, und damit das Eingestehen der Unvollkommenheit – dies ist ein weiterer wichtiger Aspekt von Rossis Erfahrungswelt. Diese faszinierende Frage nach Unvollkommenheit, die im grafischen und schriftstellerischen Ausdruck wie auch im Entwurf immer gegenwärtig ist, ist ein besonders menschlicher Aspekt von Rossis Tätigkeit. Sie entstammt möglicherweise der katholischen Erziehung, die er, wie er eingestand, mit seiner Generation teilt und die trotz seines politischen Engagements und trotz der anderen prägenden Lebenserfahrungen fortbestand. Mit Sicherheit handelte es sich nicht um eine verborgene Frage, sondern um eine Frage, die er explizit einsetzte, um Zweifel zu wecken und neue Fragen zu stellen.

Oft haben wir bei Aldo Rossi diese Sensibilität bewundert. Soweit wir ihn kennen gelernt haben, lässt sich vielleicht denken, dass das Anerkennen von Unvollkommenheit als Qualität in gewisser Weise auch dazu führte, dass er die Vorstellung von der Verschmelzung verschiedener Ideen in sein Bewusstsein als Architekt aufnahm als eine Art rationalisierte Neugier.

Verschiedene Einflüsse zuzulassen gehörte zu jener allgemeinen und erweiterten Sicht der Welt, in der Rossi die positiven Werte der Ideenvermittlung durch die unterschiedlichsten Mittel suchte: durch Literatur, Reisen, Film, Geschichte, Malerei und Fotografie und auch durch die Beziehungen zu Mitmenschen, Freunden, Auftraggebern. Nicht nur in den Schriften, sondern gerade in den Zeichnungen traten diese Einflüsse zu Tage und wurden verarbeitet. Hier erzählte die Materialität der Farben und Linien parallele Geschichten, die das Arbeiten an seiner Seite noch faszinierender gestalteten.

So enthält die Kuppel des Bonnefantenmuseums in Maastricht die Verbindung zwischen der Welt der Renaissance und der Gotik, während die Gestaltung der Treppe von der Holzkonstruktion der Schiffe und den ehemaligen Verbindungen der Niederlande zum Orient beeinflusst ist. Oder das Hotel

Entwurf für das Meeresmuseum von Galicien
in Vigo, Spanien, 1992

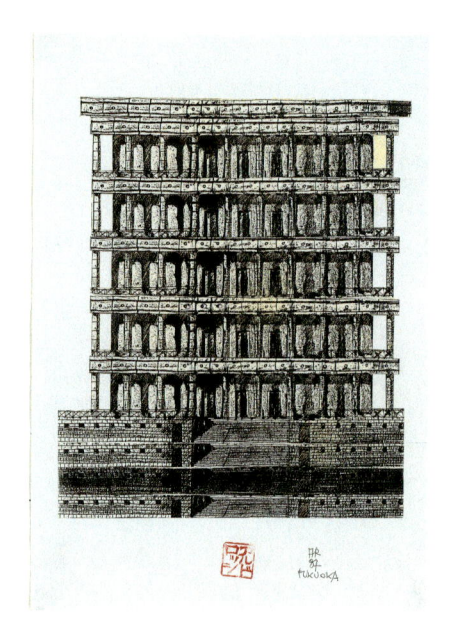

Entwurf (Collage) für das Hotel
Il Palazzo in Fukuoka, 1987

Il Palazzo in Fukuoka, das durch die Wiederholung der für die orientalische Baukunst typischen Architekturelemente auffällt, dabei aber starke Analogien zu einigen Bauten Schinkels aufweist: Im Entwicklungsprozess im Studio nahm es nicht etwa in Form einer Zeichnung, sondern einer Collage Gestalt an. In dieser aus buntem Stanniolpapier bestehenden Collage war die Idee der Überlagerung bereits materialisiert.

So füllten sich die Zeichnungen mit Zitaten und Begriffen und führten zu einem unverwechselbaren ästhetischen und poetischen Ergebnis, ohne dabei die technischen und materiellen Erfordernisse außer Acht zu lassen. Das künstlerische und methodologische Ergebnis zeigt sich klar und deutlich beim Betrachten von Aldos Zeichnungen, sie sind die Summe kontinuierlichen

Suchens und Erkennens. Für ihn waren sie eine Form des Ausdrucks, für uns waren sie auch ein präzises Programm, eine Art Drehbuch.

Bei der Entwicklung eines Entwurfs waren diese Grundvorstellungen in den Zeichnungen und in den Techniken festgehalten, welche die gesamte Weiterentwicklung des Entwurfs bedingten. Auf der Baustelle konkretisierten sich diese Zeichnungen dann mit außerordentlichem Realismus. Berücksichtigt man diesen Modus Operandi, dann mag verständlich sein, wie sehr die über die Zeichnung erfolgende Arbeit von Rossi als feste Form des Erkennens des Realen und obendrein als Form der Vermittelbarkeit von Architektur angesehen wurde. In diesem Sinne war das Studio für Rossi nicht nur ein Platz zum Arbeiten, sondern der Ort, an dem die verschiedenen Erfahrungen zusammenfließen und gesammelt werden konnten, sich erzählen und verarbeiten ließen.

Unterschiedliche Menschen sind Aldo Rossi während seines intensiven Lebens begegnet, zu verschiedenen Phasen und mit unterschiedlichen Absichten. Aber wir glauben, dass viele dieses Gefühl der Zugehörigkeit verspürten, sei es auch nur vorübergehend. Aldo Rossi bleibt in unserer Erinnerung ein Mensch, dem es gelungen war, Menschen und Ideen zu verbinden, selbst bei Uneinigkeiten und Unterschiedlichkeiten. Seine Sicht der Architektur stimmt größerenteils mit seiner Sicht des Menschen überein. Was immer geschrieben wurde und noch geschrieben wird – wir sind der Meinung, dass die ihn und uns verbindenden Ideen und Anliegen einen über seine Architektur hinausgehenden Wert haben.

Das Studio, Werkstatt der Ideen Aldo Rossis, war und bleibt ein besonderer Ort der Architektur, wo die Individualität einem Ideal und seinem Capitano gewidmet ist. Auch aus diesem Grund ist es uns ein Anliegen, dieses Zeugnis gemeinsam abzulegen.

---

1 »L' importante è non farsi condizionare da questo mondo, ma conoscerlo per poterlo controllare fino al punto in cui è possibile controllarlo«, zit. aus: Aldo Rossi, *L'architettura dell'idea*, in: *Dialoghi di architettura*, hrsg. von Emilio Faroldi und Maria Pilar Vettori, Florenz 1995, S. 121.

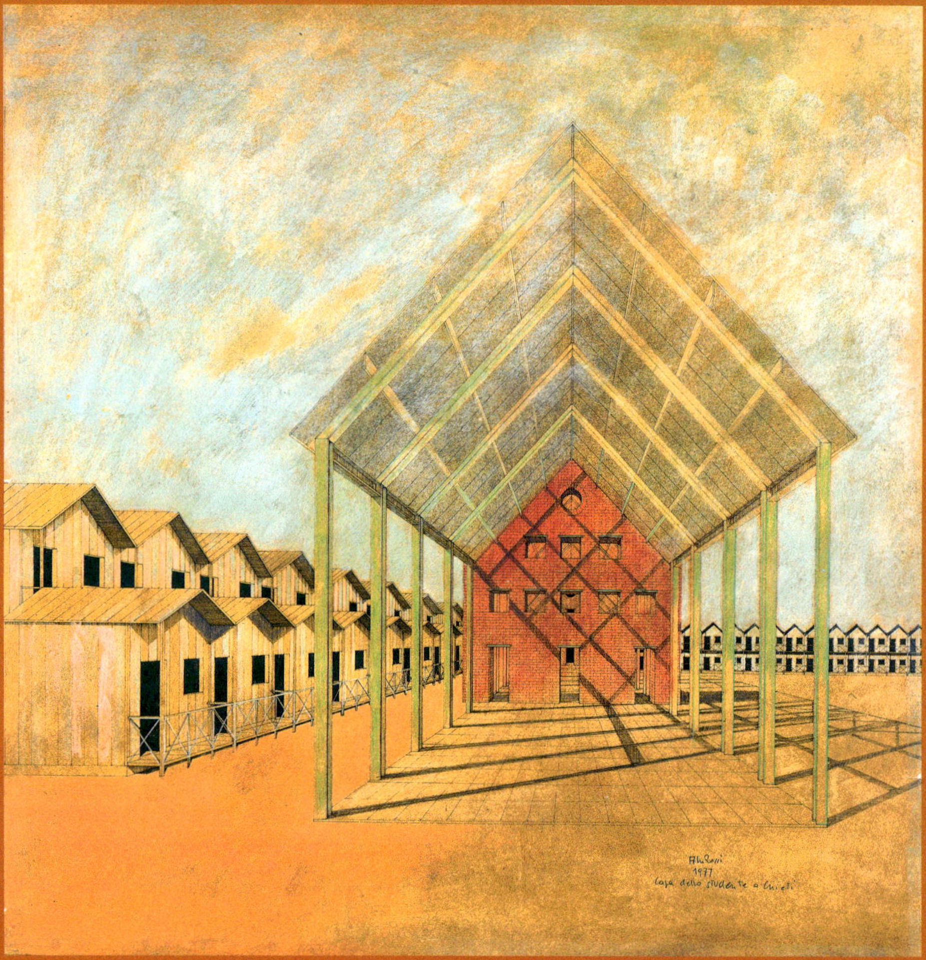

1977
Casa dello studente a Chieti

Die Suche nach dem Glück

Frühe Zeichnungen und Entwürfe

Aldo Rossis Zeichnungen und Modelle im Deutschen Architektur Museum

Annette Becker

In seinen Erinnerungen schrieb Heinrich Klotz im Jahr 1999: »Einen der schönsten Besuche machte ich bei Aldo Rossi, der in seiner Altbauwohnung mitten in Mailand seine Modelle aufgestellt und sie scheinbar ganz nebenbei um sich hatte. Rossi überließ sie mir allesamt. Ein großes Konvolut von Plänen und Zeichnungen, seine frühen Projekte, gab er für eine geringe Summe hinzu. Das DAM besitzt seitdem die wohl bedeutendste Sammlung des Architekten, dessen fast achtlose Bescheidenheit seinen Zeichnungen und Modellen gegenüber mich zutiefst bewegte. Er war einer jener genialen Baumeister, die sich von ihren Ergebnissen leicht trennen, da sie sich schon wieder anderen großen Zielen zugewandt haben.«[1]

Was Heinrich Klotz damals gelang, für das Deutsche Architektur Museum (DAM) zu erwerben[2], zählt heute zu dessen bedeutendsten Archivbeständen. Zum ersten Mal zeigt das Deutsche Architektur Museum diese Sammlung jetzt in einer eigenen Ausstellung. Der Nachlass Aldo Rossis ist inzwischen auf die größten Architektur-Sammlungen der ganzen Welt verstreut (darunter das Centro Nazionale per le Arti Contemporanee in Rom, The Getty Research Institute in Los Angeles und das Canadian Centre for Architecture in Montreal). Das Deutsche Architektur Museum möchte mit seiner Ausstellung einen Beitrag dazu leisten, diese Sammlungen wenn nicht real, so doch in ihrer Relevanz für das Gesamtœuvre des Architekten wieder zusammenzuführen.

Die Dokumente im Deutschen Architektur Museum stammen aus den Jahren von 1965 bis 1986, der für Rossi wichtigsten Zeit seines Schaffens. Sie zeigen, mit Ausnahme der Wohn- und Geschäftshäuser in Berlin, ausschließlich Projekte in Italien. Es sind insgesamt 212 Zeichnungen und Pläne, neun Modelle und zwei Skizzenbücher. Sie lassen sich 14 einzelnen Projekten zuordnen, ergeben aber keine abgeschlossenen oder vollständigen Entwurfsdokumentationen. Es soll durch die Veröffentlichung des gesamten Materials insbesondere ermöglicht werden, endlich jene noch immer ausstehenden Einzeldokumentationen zu Rossis Bauten zu erstellen.[3]

Die im Deutschen Architektur Museum dokumentierten Arbeiten Rossis sind:

Der Rathausplatz und das Partisanen-Denkmal in Segrate, 1965
Der Entwurf für das Denkmal ist nur zum Teil ausgeführt. Das Deutsche Architektur Museum besitzt dazu vier Präsentationszeichnungen und ein Modell.[4]

Eine Freitreppe wird an ihrem unteren Ende zu einem großen Platz erweitert; auf diesem steht das Partisanen-Denkmal. Es besteht aus den geometrischen Primärformen Quader, Prisma und Zylinder. Das Material ist Eisenbeton, Prisma und Zylinder sollten weiß gestrichen werden. Einer kleinen Skizze in den *Quaderni azzurri* gibt Rossi den Titel *Fontana monumentale* (Heft 12, Juni 1972).[5] Auffällig ist die große Diskrepanz zwischen den idealisierenden Zeichnungen und der realen Situation, dem urbanen Umfeld des Denkmals.[6] Möglicherweise zitiert Rossi die Anlage von Redipuglia, die größte italienische Gedenkstätte für die Gefallenen des Ersten Weltkriegs, mit ihrer monumentalen Treppenanlage.[7]

Der Rathausplatz und das Partisanen-Denkmal in Segrate,
perspektivische Ansicht

Wettbewerbsentwurf für das Rathaus in Scandicci, 1968, in Zusammenarbeit mit Massimo Fortis und Massimo Scolari
Das Modell[8] zeigt den Entwurf aus seinem städtebaulichen Zusammenhang herausgelöst. Rossi schreibt dazu: »Ich wollte ein Gebäude mit einer komplexen Organisation entwerfen. Daher habe ich in diesem Projekt verschiedene typologische Formen zusammengeführt, wie den Hof und den Zentralbau. Der Hof ist zugleich ein Platz im Inneren der Anlage und ein urbanes Element. Die Beziehung zum Garten ist besonders wichtig. Um diese zu betonen, habe ich mich eines Zitats bedient: Die Serpentine ist einer Zeichnung von Schinkel für die Villa Charlottenhof entnommen und verbindet das Haus mit dem Wald. Dieses Zitat schien mir geeigneter als eine Interpretation.«[9]

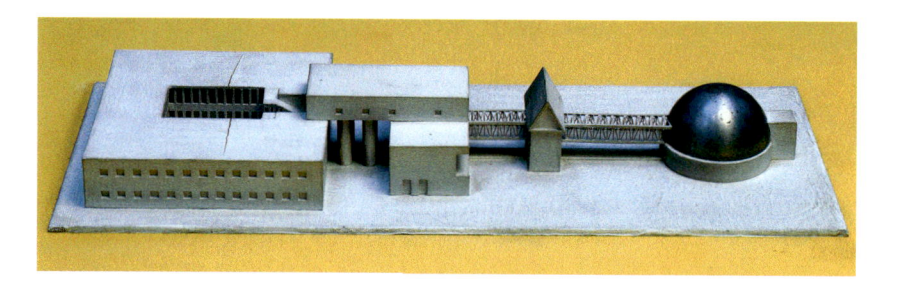

Wettbewerbsentwurf für das Rathaus
in Scandicci, Modell

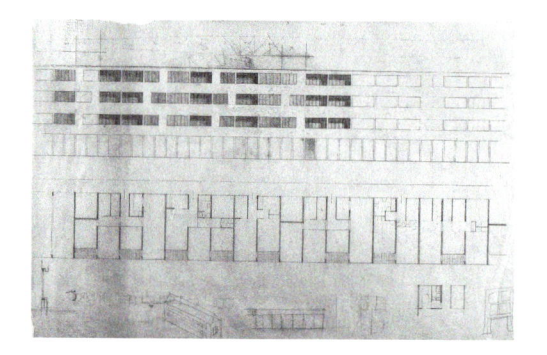

Wohnblock im Quartier Gallaratese
in Mailand, Ansicht und Grundriss
(Ausschnitt), Detailskizzen

Der Komplex sollte aus vier Hauptelementen bestehen: einem über einem quadratischen Grundriss errichteten Ämterhaus, dessen Eingang, von einer doppelten Säulenstellung flankiert, zu einer monumentalen Treppenanlage hinführt; diesem Eingang gegenüberliegend einem zweiten kleineren Komplex mit Restaurant, Bar und Lesesaal; einem quer liegenden Gebäuderiegel, der die beiden Komplexe verbinden und der die Büroräume des Bürgermeisters enthalten sollte, sowie dem runden Ratssaal, der durch eine lange Galerie erreicht werden sollte.

Wohnblock im Quartier Gallaratese (Via Enrico Falck 37) in Mailand, 1969–1973
Dieser prominenteste Wohnungsbau Rossis wird in der Sammlung des Deutschen Architektur Museums durch vier Entwurfszeichnungen und drei ausgearbeitete Fassadenansichten dokumentiert.[10] Sie alle zeigen die Längsseite mit den Laubengängen und den charakteristischen quadratischen Metallgittern, nur eine Zeichnung (216-003-005) zeigt die gegenüberliegende Gartenseite. Der über einer Grundfläche von 12 x 182 Metern errichtete Zeilenbau aus hell verputztem Eisenbeton entstand innerhalb eines von Carlo Aymonino entworfenen Gesamtkomplexes.[11] Rossis Block, den er selbst mit den Mailänder Arbeiterhäusern des 19. Jahrhunderts mit ihren Laubengängen

in Verbindung bringt – und mit dem Aquädukt von Segovia allerdings als Quelle freiester typologischer Inspiration –, gilt heute als Meisterwerk des Rationalismus. Für Rossi war er »vor allem wegen der Einfachheit seiner Konstruktion wichtig«, an anderer Stelle erwähnt er »die Einfachheit im Sinne einer ingenieurmäßigen Strenge und die Dimension«.[12] Die Rezeptionsgeschichte dieses Gebäudes ist ein Lehrstück für die Architekturgeschichtsschreibung der letzten 30 Jahre.[13]

Friedhof San Cataldo in Modena, 1971–1978, in Zusammenarbeit mit Gianni Braghieri
Mit 110 Skizzen, ausgearbeiteten Zeichnungen und Plänen und einem Modell ist der Friedhof von San Cataldo das am umfangreichsten dokumentierte Projekt im Deutschen Architektur Museum.[14]

Rossi hatte 1971 den Wettbewerb gewonnen, den bestehenden neoklassizistischen Friedhof zu erweitern. Zwischen Rossis Erweiterung und dem alten Friedhof liegt als dritter Komplex der jüdische Friedhof. Rossis Entwurf dehnt sich auf einer lang gestreckten rechteckigen Fläche aus; in der Mitte der südlichen Längsseite befindet sich das Eingangsgebäude, an das sich rechts und links die Kolumbarien mit Giebeldächern anschließen. Dahinter liegen auf einer Achse nach Norden: der Kubus mit einer Gedächtnisstätte für die Kriegsgefallenen und dem Beinhaus; er ist als Analogie zum Tod architektonisch bewusst unvollendet geblieben; ihm folgen, über dreieckigem Grundriss angeordnet, die Reihen mit den Grabkammern; zuletzt steht ein Konus über dem anonymen Massengrab.[15]

Rossi schreibt in seiner Autobiografie: »Tatsächlich bemerke ich heute, da ich es entstehen sehe, in diesem großen Haus der Toten ein waches Gefühl der Ehrfurcht: genau so wie im römischen Grab des Bäckers [i. e. Eurysaces an der Porta Maggiore]. Dieses Haus der Toten, das im Rhythmus der städtischen Mortalität gebaut wird, hat somit eine Zeit, die, wie im Grunde alle Bauten, mit dem Leben verbunden ist.

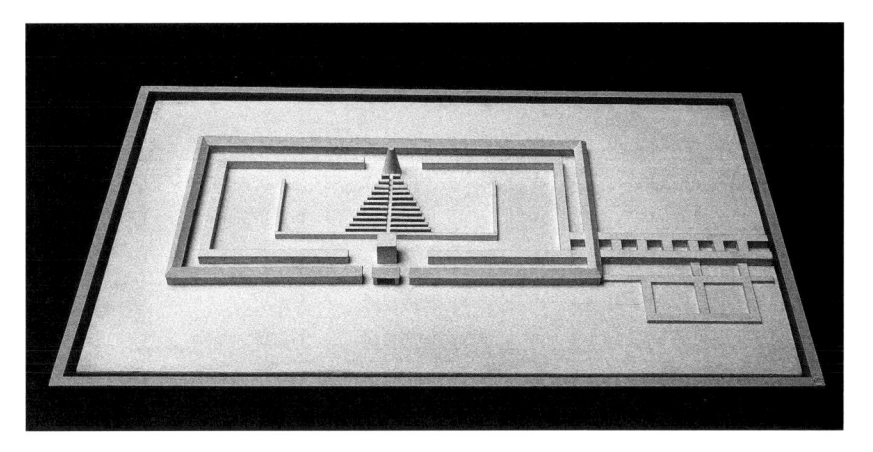

Friedhof San Cataldo in Modena, Modell

Mit leichten Variationen kehrt seine Form in allen meinen Zeichnungen und Entwürfen wieder. Andererseits hat der Bau selbst Veränderungen erfahren. Das Motto des Wettbewerbs hieß ›L'Azzurro del Cielo‹, und nun sehe ich diese großen blauen Dächer aus Blech, die so stark auf die Lichter des Tages und des Abends, aber auch der Jahreszeiten reagieren, daß sie einmal als tiefblau, dann wieder als hellstes Himmelblau erscheinen.«[16]

Für Rossi charakterisiert der Friedhof in Modena ein wichtiges Moment in seinem Leben, das für ihn Abschluss der Jugend und zugleich Interesse am Tod bedeutete.[17]

Entwurf für das Rathaus von Muggiò, 1972, in Zusammenarbeit mit Gianni Braghieri
Das Modell des Rathauses von Muggiò[18] nimmt die vorgegebene städtebauliche Situation auf und wird so in seiner Grundrissdisposition verständlich. Das Rathaus sollte den alten Dorfkern im Süden, zu dem sich die beiden Gebäudeflügel hin öffnen, mit einem Park im Norden der Anlage verbinden. Der westliche, kammartige Flügelbau sollte jene Ämter mit hohem Publikumsverkehr aufnehmen, der östliche jene mit wenigen Besuchern. Verbunden werden sollten beide durch einen zentralen Konus, in dessen Erdgeschoss ein Ausstellungssaal und in dessen erstem Geschoss der Ratssaal lag. Die Erschließung des Komplexes sollte über drei Eingänge aus dem zentralen Hof erfolgen: der eine in den Konus, die beiden anderen jeweils über Innenhöfe der beiden seitlichen Gebäudeflügel. Legte man imaginäre Schnittachsen durch diese Eingänge, so würden sie sich an der Stelle kreuzen, an der Rossi in seinem Entwurf eine Skulptur vorsieht, die *Archaeologiol* von Giorgio De Chirico.[19]

Entwurf für das Rathaus von Muggiò, Modell

Einfamilienhäuser in Broni bei Pavia, 1972, in Zusammenarbeit mit Gianni Braghieri
Aus den zwei Plänen und einem Modell entsteht eine relativ abgeschlossene Darstellung des Projektes.[20] Es sind Einfamilienreihenhäuser für den sozialen Wohnungsbau. Sie liegen entlang der Haupteinfallsstraße des Dorfes; ihre Gärten bilden trotz der Parzellierung eine einheitliche Grünzone. Zusammen

mit der sanften Wölbung des Daches wird so eine höchstmögliche Integration in die sanfte Landschaft mit ihren Weinbergen und Hügeln erreicht.[21] Realisiert wurde die Häuserzeile abweichend von Rossis Entwurf in Bogenform.

Einfamilienhäuser in Broni bei Pavia, Modell, Ansicht der Straßen- und Eingangsseite

Grundschule in Fagnano Olona, perspektivische Ansicht

Grundschule in Fagnano Olona, 1972
Das Deutsche Architektur Museum besitzt vier Entwurfsskizzen und vier ausgearbeitete Ansichten zu der Schule.[22] Die Entwurfsidee hinter dem Gesamtplan wollte die Schule einmal mehr als eine kleine Stadt aufgebaut wissen. Markantes Symbol vor dem Eingang ist der dort errichtete Schornstein, eine Reminiszenz an die Industriearchitektur der Region. Die Schule besteht aus einem Mitteltrakt und jeweils drei auf beiden Seiten angehängten Seitenflügeln. Die beiden ersten Seitenflügel beherbergen das Rektorat und die Mensa nebst Küche, die übrigen die Klassenzimmer. Durch ein Atrium gelangt man in die Bibliothek, ausgebildet als Turm im Hof. Der Hof, Zentrum der Gesamtanlage, dient gleichzeitig als Veranstaltungsort. Die ansteigenden Treppenstufen können wie in einem Amphitheater zum Sitzen genutzt werden. Sie führen an ihrem oberen Ende zu den Eingängen zur Turnhalle.[23] Typologisch wiederholt Rossi mit der Grundrissdisposition der Schule die Anlage des Friedhofs von San Cataldo. Die ersten Zeichnungen zeigen anstelle des zentralen Hofraums einen

81

Entwurf für eine Villa in Borgo Ticino, Modell

langen Gang (siehe S. 126, Abb. 105). Er gab diese Form jedoch auf, da ihrer Realisierung die Regularien für den Bau von Schulen entgegenstanden.[24]

Entwurf für eine Villa mit einem Pförtnerhaus in Borgo Ticino, 1973, in Zusammenarbeit mit Gianni Braghieri
In 42 Zeichnungen und Plänen wird das Projekt dieser Villa dokumentiert.[25] Ausgeführt wurde lediglich ein kleines Haus, im ersten Skizzenbuch (siehe S. 133, Abb. 127) als »Portineria« bezeichnet. Der Entwurf sieht ein Haus am Hang vor, sein Eingangsbereich sollte parallel zu ihm verlaufen, vier Gebäudeflügel, auf Stützen über dem abfallenden Gelände errichtet, sollten daran anstoßen. »Der Grundriss der Casa B. wiederholt die Konstante des zentralen Rückgrates oder des Kamms. Die eigentliche Erfindung jedoch liegt im Schnitt. Der Geländeschnitt stellt meiner Meinung nach ein allgemeines Problem für alle Bauten dieses Typs dar. Das Problem fand hier seine Lösung, indem das Haus wie eine Brücke konstruiert ist und eine gedachte horizontale Linie gebildet wird, an der sich die Nebengebäude anordnen; der zentrale Teil dagegen befindet sich auf ebenem Terrain.«[26]

Für Rossi ist dieser Entwurf auch exemplarisch für seinen Umgang mit den tradierten Formen in der Architektur: »Das Haus in Borgo Ticino fand zu den Fischerhütten zurück, zur Welt des Sees und des Flußes, ein Typologie ohne Geschichte.«[27]

Das Konvolut dieser Zeichnungen reicht von kleinen Bleistiftskizzen mit Entwurfsvarianten bis hin zum ausgearbeiteten Plan; es befinden sich auch eine Reihe eindrucksvoll kolorierter Blätter darunter, allesamt mit »GB« signiert für Gianni Braghieri. Man sieht daran den unterschiedlichen Duktus zwischen den Zeichnungen Rossis und denen Braghieris, der sich zudem durch eine besondere Farbigkeit abhebt.[28]

Entwurf für den Sitz der Regionalverwaltung in Triest, 1974, in Zusammenarbeit mit Gianni Braghieri und Max Bosshard
Drei großformatige Präsentationszeichnungen sowie eine weitere Zeichnung erklären das Projekt.[29] Das Verwaltungsgebäude sollte um drei glasgedeckte, 14 x 14 Meter messende Innenhöfe herum entstehen und durch Balkone oder Laufgänge erschlossen werden.[30] Rossi lässt sich bei diesem Entwurf von Karl Mosers Lichthof im Hauptgebäude der Universität in Zürich inspirieren.

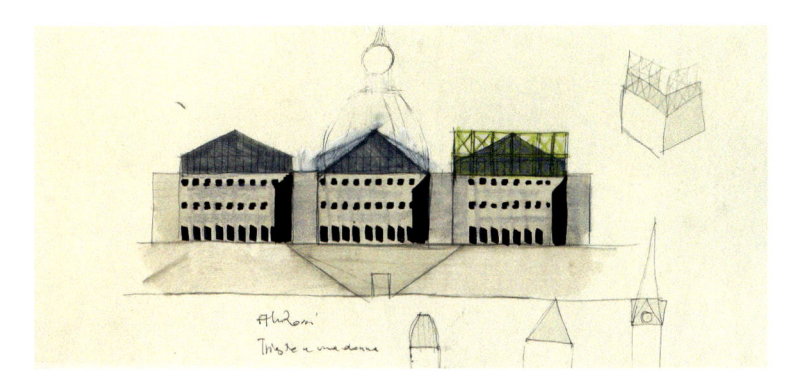

Entwurf für den Sitz der Regionalverwaltung in Triest, Entwurfszeichnung

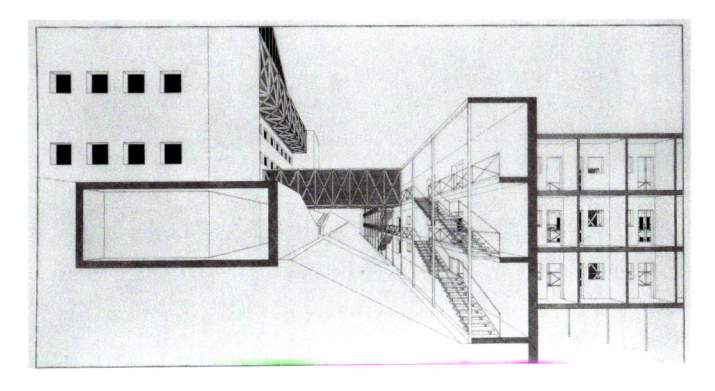

Entwurf für ein Studentenwohnheim in Triest,
perspektivische Ansicht und Schnitt

Entwurf für ein Studentenwohnheim in Triest, 1974, in Zusammenarbeit mit Gianni Braghieri, Max Bosshard und Arduino Cantafora
Das Deutsche Architektur Museum besitzt von diesem Wettbewerbsentwurf zwei perspektivische Ansichten.[30]

Entwurf für ein Studentenwohnheim in Chieti, Modell

Schule in Broni, Modell

Die Anlage sollte als eine typologische Verschmelzung der Entwürfe für die Villa in Borgo Ticino und des Wohnblocks in Gallaratese entstehen. So waren entsprechend der Hanglage des Baugrundes ein Gemeinschaftsgebäude und vier von Stützen getragene Baukörper für die Studentenzimmer geplant; die Erschließung erfolgte über Laubengänge. Die Anlage sollte von einer großen Offenheit geprägt sein. Rossi hat in unmittelbarer Nachbarschaft des Wettbewerbsgeländes die psychiatrische Anstalt besichtigt, die damals bereits offen geführt wurde, was ihn tief beeindruckt hatte.[32]

Entwurf für ein Studentenwohnheim in Chieti, 1976, in Zusammenarbeit mit Gianni Braghieri und Arduino Cantafora
Von diesem Wettbewerbsbeitrag besitzt das Deutsche Architektur Museum ein Modell und eine perspektivische Ansicht.[33] Sie zeigt das Gemeinschaftshaus und die angrenzenden Studentenhäuser.[34] Für Rossi gibt es in diesem Entwurf

einen für die allgemeine Idee von der Architektur wichtigen typologischen Aspekt: Er »betrifft die Wiederholung und Festlegung des Kabinenhäuschens als letzte Reduktion des Hauses und zugleich seine Vervielfachung bis zu einer städtischen Einheit einer kleinen mehr oder weniger provisorischen Stadt«.[35] Auch der Entwurf für Chieti steht für einen charakteristischen Moment in Rossis Leben, er stellt für ihn »die Suche nach dem Glück als Voraussetzung zur Reife« dar. »Ich sagte, der Entwurf für Chieti habe auf einem Glücksgefühl beruht. Ganz allgemein gesagt, verfolgte ich nach der Liquidation des Todes – der Entwurf für Modena – eine formale Darstellung des Glücks.«[36]

Schule in Broni, 1979
Ein Modell und 17 Pläne geben Einblick in den Entwurfs- und Realisierungsprozess der Schule.[37] Sie entstand innerhalb eines Schulzentrums als Vierflügelanlage um ein zentrales Theater, die Aula der Schule. Die Anlage ist aus Fertigteilen und Stahlbeton konstruiert, ein besonderes Charakteristikum stellen die hellblauen Blechdächer dar.

Wohnhäuser- und Geschäftshäuser an der Wilhelmstraße 36–38 / Kochstraße 1–4, IBA Berlin, 1981, in Zusammenarbeit mit Gianni Braghieri, Chistopher Stead und Jay Johnson
Das Modell zeigt den markanten Abschnitt Ecke Wilhelmstraße / Kochstraße in Berlin.[38] Es wurde von Morris Adjmi gebaut. »Das Projekt ist eine Synthese aus vielen Entwürfen für große Wohngebäude, die sie in neuer Weise komponiert – angefangen vom Gallaratese-Entwurf in Mailand. Die vier Säulen jenes Entwurfs sind hier in einer Ecksäule zusammengefasst, die zu einer Art Zitat von Filaretes Säule in Venedig geworden ist. Ich schätze diese Säule wegen ihrer machtvollen und anmaßenden Eingliederung in ein armes Wohnquartier, auch wenn dies damals auf einer politischen Entscheidung und nicht auf einer vor-

Wohnhäuser an der Wilhelmstraße, Internationale Bauausstellung Berlin, Modell

ausbestimmten architektonischen Komposition beruhte. Es ist jedoch gerade dies die Größe, die Möglichkeit und die Autonomie der Architektur: dass sie die Umsetzung einer Idee ins Reale ist; ihre Schönheit jedoch entspringt nicht der Möglichkeit, Ideen umzusetzen oder zu verwirklichen, sondern vielmehr der Veränderung, die das Reale bewirkt.«[39] Seine Entdeckung der Säule beschreibt Rossi in der *Wissenschaftlichen Selbstbiographie* (S. 20): »Eines Morgens in Venedig, als ich im Vaporetto auf dem Canal Grande fuhr, wies mich jemand unvermittelt auf Filaretes Säule [Ca'del Duca, 1461–1465 für Francesco Sforza, San Samuele 3051, Anm. d. Verf.] und auf den Vicolo dei Ducati und die armseligen Häuser auf dem Grundstück hin, auf dem der ambitiöse Palast des Mailänder Herzogs hätte entstehen sollen. Ich schaue mir diese Säule und ihr Basament immer wieder an; diese Säule, die ein Prinzip und ein Ziel darstellt. In seiner absoluten formalen Reinheit erschien mir dieser Einschub oder dieses Relikt der Zeit stets als ein Symbol der Architektur, die vom Leben um sie herum verschlungen wird.«

Entwurf für einen Aussichtsturm mit Pavillon im Garten der Villa Alessi, Ortosa, 1986
Für die Villa, das ›Haus des Glücks‹ von Alessandro Mendini, entwarfen verschiedene Architekten, darunter Achille Castiglioni, Frank O. Gehry, Ettore Sottsass und Robert Venturi. Von Aldo Rossi stammen die Entwürfe für den Pavillon mit einem kleinen Theater und den Aussichtsturm mit einer Werkstatt im unteren Teil.[40] Zwei Entwürfe von Venturi/Rauch/Scott-Brown für die Bibliothek und ihren Kronleuchter befinden sich ebenfalls im Deutschen Architektur Museum.

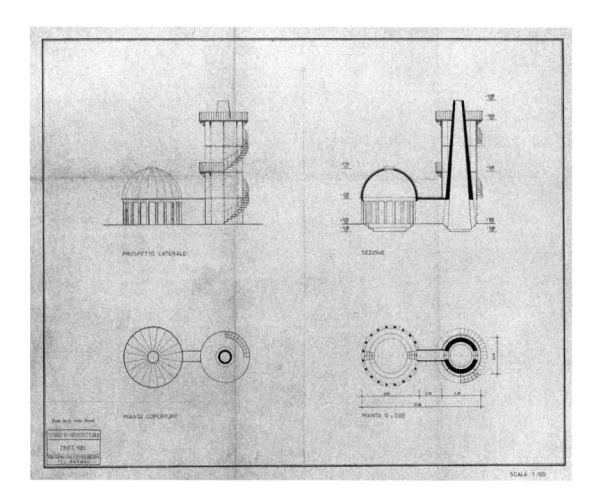

Entwurf für einen Aussichtsturm mit Pavillon im Garten der Villa Alessi, Ortosa, Ansicht, Schnitt, Dachaufsicht und Grundriss

Über diese einzelnen Projekten zuzuordnenden Dokumente hinaus besitzt das Deutsche Architektur Museum Drucke und Radierungen, Kompositionen zur Architektur aus limitierten Editionen der Jahre von 1973 bis 1981[41] darunter auch ein Siebdruck und eine Radierung zum Teatro del Mondo.[42]

Ein Teil von Rossis Arbeiten war erstmals in der Eröffnungsausstellung des Deutschen Architektur Museums *Revision der Moderne. Postmoderne Architektur 1960–1980* gezeigt worden.[43] Mit Ausnahme eines einzigen Projekts[44] sind seitdem keine weiteren Arbeiten in die Sammlung des Museums gekommen.

Das erste Skizzenbuch[45] ist handschriftlich datiert: »nov 1972; mar 1973; 1974.«. Es ist 22,3 x 14,5 x 2,5 cm groß und umfasst 127 Seiten, von denen 54 illustriert sind. Unter den Titeln »La città analoga« und »Architetture e scritti 1960–1972« werden Studien aus diesen Jahren gezeigt.

Das zweite Skizzenbuch[46] trägt die Datierung und den Projekttitel »1978/80, Scuola di Broni, cappella Marchesi«. Es ist 21,6 x 15,7 x 1,8 cm groß und besteht aus 79 Seiten, von denen 48 illustriert sind.

Bereits die Auflistung der in beiden Skizzenbüchern dargestellten Architektur (S. 5) verweist auf einen grundlegenden Unterschied zwischen beiden. Während das erste Skizzenbuch Projekte aus zwölf Jahren systematisch zusammenfasst, wird im zweiten ein Gebäude ausführlich dargestellt und durch wenige, eher wie zufällig eingefügte Projekte ergänzt. Während das erste Skizzenbuch aufwendig kolorierte Illustrationen aufweist, wird im zweiten überwiegend mit Schwarz-Weiß-Zeichnungen experimentiert und ganz offenkundig für das Gebäude nach Lösungen gesucht.

Möglicherweise sollte das erste Skizzenbuch auch eine visuelle Ergänzung zu den seit 1971 entstandenen Manuskripten für die *Wissenschaftliche Selbstbiographie* sein. In jedem Fall blieb es unvollendet, wie die vielen Hinweise auf vorgesehene Begleittexte (»relazione«) zeigen. Eine gute Vorstellung davon, wie man sich das vollendete Buch vorstellen kann, vermittelt das *Il libro azzurro – I miei progetti* von 1981.

Sämtliche Skizzenbücher entstanden parallel zu Rossis *Quaderni azzurri*, Tage- beziehungsweise Notizbüchern der Jahre von 1968 bis 1992.[47] Es sind kleine blaue Hefte für Notizen; »diese Hefte findet man nur in der Schweiz. Sie haben ein schönes Blau, und deswegen nenne ich sie quaderni azzurri.«[48] Diese 47 Hefte gewähren einen Einblick in die Arbeitsweise und das Entstehen der einzelnen Projekte aus allergrößter Nähe. Dort findet man Rossis Beschreibungen zu einzelnen Projekten, aber auch wichtige Skizzen, etwa den endgültigen Grundriss zur Schule von Fagnano Olona (Heft 13, Juli–Oktober 1972).

Dort findet man aber auch eine Textpassage, die vielleicht eine Erklärung für das Entstehen des ersten Skizzenbuchs im Deutschen Architektur Museum ist, sie würde die Zusammenstellung der Projekte und ihre vielfache Wiederholung erklären:

»Gewiss, nun habe ich bei allem den Eindruck, es schon gesehen zu haben; wenn ich zeichne, wiederhole ich, und die Beobachtung ist die Beobachtung der Erinnerung. Ich zeichne meine Entwürfe mit mäßiger Sorgfalt, reduziere dabei aber den Entwurf auf die Dinge, die mich umgeben / Landhäuser, Schornsteine, Gasometer, Objekte, so als würde alles aufsteigen und in der Zeit untergehen. Die Zeit ist etwas, das nicht wiederkehrt, und jede bekannte Geste wiederholt sich immer wieder: deshalb vermischen sich Anfang und Ende.«[49]

1 Heinrich Klotz, *Weitergegebene Erinnerungen*, Köln 1999, S. 92; vgl. auch S. 208f.
2 Den überwiegenden Teil, so sieben Modelle, zwei Skizzenbücher und diverse Zeichnungen, hat das DAM während des Jahres 1981 direkt von Aldo Rossi erworben. Das Modell der Wohnhäuser an der Wilhelmstraße, Berlin, hat das DAM 1983 von einer Galerie in Zürich gekauft.
3 Das grundlegende Verzeichnis zu Rossis Gesamtwerk stammt von Alberto Ferlenga. Die dort vorgenommenen Datierungen werden auch in der vorliegenden Publikation verwendet: Alberto Ferlenga, *Aldo Rossi. Tutte le opere*, Mailand 1999 (dt. *Aldo Rossi. Das Gesamtwerk*, Köln 2001).
4 Inventar-Nr. 216-002-001 bis -005.
5 Francesco Dal Co, *Aldo Rossi. I quaderni azzurri*, Mailand 1999.
6 Gianni Braghieri, *Aldo Rossi*, Zürich 1983, S. 46ff.; Heinrich Klotz (Hrsg.), *Revision der Moderne. Postmoderne Architektur 1960–1980*, Katalog der Ausstellung im Deutschen Architektur Museum Frankfurt 1. Juni – 10. Oktober 1984, München 1984, S. 229f.; Alberto Ferlenga 1999, S. 38ff.
7 In einem Text zu dem Entwurf für das Studentenwohnheim von Triest bezieht sich Rossi auf Redipuglia; vgl. Alberto Ferlenga 1999, S. 67.
8 Inventar-Nr. 216-018-001.
9 Zit. nach Alberto Ferlenga 2001, S. 42; vgl. auch Gianni Braghieri 1983, S. 54ff.; Heinrich Klotz 1984, S. 240; Alberto Ferlenga 1999, S. 42f. Der Entwurf Karl Friedrich Schinkels mit der Serpentine ist abgebildet in: *Entworfen und gezeichnet von Schinkel*, Ausstellung im Städt. Gustav-Lübke-Museum Hamm vom 31. Oktober – 6. Dezember 1981, Hamm 1991, Abb. 120; vgl. auch Heinz Schönemann, *Karl Friedrich Schinkel, Charlottenhof Potsdam-Sanssouci*, Stuttgart und London 1997. Rossi bezieht sich in seiner *Wissenschaftlichen Selbstbiographie*, Bern [2]1991, wiederholt auf dieses Gebäude: vgl. S. 53f. und S. 80. Er erwähnt es auch in *Die Architektur der Stadt*, hrsg. von Ulrich Conrads, Düsseldorf 1973, S. 63.
10 Inventar-Nr. 216-003-001 bis -007.
11 Vgl. Gianni Braghieri 1983, S. 58ff.; Heinrich Klotz 1984, S. 231f; Alberto Ferlenga 1999, S. 46ff.
12 Aldo Rossi, *Wissenschaftliche Selbstbiographie,* S. 60 und S. 126.
13 Antonio Hernandez, *Architektur kritisch. Gallaratese*, in: *Der Architekt*, 3/1982, S. 133–148.
14 Von September bis November 2002 fanden in Modena eine Ausstellung und ein Kolloquium zur Baugeschichte des Friedhofs statt; vgl. dazu www.comune.modena.it/galleria/2002/rossi. Inventar-Nr. 216-001-001 bis -111.
15 Gianni Braghieri 1983, S. 72ff.; Heinrich Klotz 1984, S. 234ff.; Alberto Ferlenga 1999, S. 50ff.; vgl. auch die Ausstellung *Aldo Rossi. Il Cimitero di Modena. I disegni e un modello* im Palazzo Santa Margherita in Modena vom 27. September bis zum 3. November 2002.
16 Aldo Rossi, *Wissenschaftliche Selbstbiographie,* S. 28.
17 Ebd., S. 21f.
18 Inventar-Nr. 216-019-001.
19 Gianni Braghieri 1983, S. 84ff.; Heinrich Klotz 1984, S. 240; Alberto Ferlenga 1999, S. 56.
20 Inventar-Nr. 216-008-001 bis -003.
21 Gianni Braghieri 1983, S. 98 ff.; Heinrich Klotz 1984, S. 241f.; Alberto Ferlenga 1999, S. 57.
22 Inventar-Nr. 216-004-001 bis -008.
23 Braghieri 1983, S. 90ff.; Heinrich Klotz (Hrsg.), *Architektur des 20. Jahrhunderts. Zeichnungen – Modelle – Möbel*. Katalog der Ausstellung im Deutschen Architektur Museum Frankfurt, 3. März – 14. Mai 1989, Stuttgart 1989, S. 250f.; Alberto Ferlenga 1999, S. 58ff.
24 Aldo Rossi, *Il libro azzurro. I miei progetti*, Zürich 1981, S. 26.
25 Inventar-Nr. 216-009-001 bis -043.
26 Aldo Rossi, *Il libro azzurro,* S. 29f.
27 Aldo Rossi, *Wissenschaftliche Selbstbiographie,* S. 30.
28 Gianni Braghieri 1983, S. 102ff.; Heinrich Klotz 1984, S. 243f.; Alberto Ferlenga 1999, S. 62f.
29 Inventar-Nr. 216-005-001 bis -004.

30 Gianni Braghieri 1983, S. 114ff.; Heinrich Klotz 1984, S. 245f.; Alberto Ferlenga 1999, S. 65.
31 Inventar-Nr. 216-006-001 bis -002.
32 Aldo Rossi, *Wissenschaftliche Selbstbiographie*, S. 112f.; Gianni Braghieri 1983, S. 122ff.; Alberto Ferlenga 1999, S. 66f.
33 Inventar-Nr. 216-011-001 und -002.
34 Gianni Braghieri 1983, S. 134ff.; Heinrich Klotz 1984, S. 247f.; Alberto Ferlenga 1999, S. 70f.
35 Aldo Rossi, *Il libro azzurro*, S. 11.
36 Aldo Rossi, *Wissenschaftliche Selbstbiographie*, S. 22 und S. 41.
37 Inventar-Nr. 216-007-001 bis -018.
38 Inventar-Nr. 216-020-001.
39 Aldo Rossi, *Il libro azzurro*, S. 17ff.
40 Deutsches Architektur Museum (Hrsg.), *Jahrbuch für Architektur 1987/88*, Braunschweig 1987, S. 154f. Inventar-Nr. 216-015-001 und -002.
41 Inventar-Nr. 216-014-001 bis -011.
42 Heinrich Klotz 1984, S. 249. Inventar-Nr. 216-010-001 bis -002.
43 Vgl. den gleichnamigen Katalog, hrsg. von Heinrich Klotz, 1984, S. 229–249. Die dort angegebenen Inventar-Nummern wurden zwischenzeitlich geändert und lauten heute wie in der vorliegenden Publikation angegeben.
44 Vittorio Magnago Lampugnani und Michael Mönninger (Hrsg.), *Berlin Morgen. Ideen für das Herz einer Groszstadt*, Stuttgart 1991. Von der für diese Ausstellung angefertigten eindrucksvollen Ideenskizze Rossis *Berlin Potsdamerplatz und Leipzigerplatz Entwürfe und Denkmäler* besitzt das Museum leider nur noch einen Abzug.
45 Inventar-Nr. 216-012-001.
46 Inventar-Nr. 216-013-001.
47 Francesco Dal Co, *Aldo Rossi. I quaderni azzurri*, Mailand 1999.
48 Aldo Rossi, *Wissenschaftliche Selbstbiographie*, S. 63.
49 Dal Co 1999, Heft 23, 1978, S. XIX: »Certo, ora mi sembra tutto già visto quando disegno ripeto e l'osservazione delle cose è l'osservazione della memoria. Disegno i miei progetti con discreta attenzione ma riducendo il progetto alle cose che mi circondano/case di campagna, ciminiere, gasometri, oggetti come se tutto salisse o si perdesse nel tempo. Il tempo è qualcosa che non ritorna ed ogni gesto conosciuto si ripete sempre: per questo l'inizio e il termine si confondono.«

Skizzenbuch I

(1972 – 1974)

L'orientamento del monumento è determinato dalle visuali principali verso le montagne di Boves ; il fronte panoramico è rivolto verso ~~le montagne di Boves~~ i luoghi delle battaglie che rimangono inquadrati dalla finestra fessura posta all'altezza dell'occhio. Il monumento è realizzato con struttura muraria in calcestruzzo a casseri perduti formati da lastre di pietra dello spessore di cm.6. Tutte le superfici sono dello stesso tipo di pietra ; in punti definiti sono collocate le scritte commemorative e i nomi dei partigiani uccisi. il monumento è

Lose eingefügtes Blatt mit einer Beschreibung des Partisanen-Denkmals in Cuneo

51

ALDO ROSSI

ALCUNE MIE ARCHITETTURE

1   *Seite 51* »ALDO ROSSI«, »ALCUNE MIE ARCHITETTURE«,
Titelangabe mit gedrucktem Grundriss-Emblem des Hadrian-Mausoleums
(Engelsburg), eingeklebt

3 *Seite 53/2*: Widerstandsdenkmal in Cuneo, Titelblattentwurf für »casabella CONTINUITÀ PROGETTI DI ARCHITETTI ITALIANI«, »CASABELLA CONTINUITÀ diretta da Ernesto N. Rogers giugno 1973 n. 276«
Kugelschreiber-/Filzstift-Skizze

5   *Seite 4* Städtebauliche Grundriss-Studie von Cuneo mit
    Widerstandsdenkmal »PLANIMETRIA GENERALE«, »1 monumento
    2 anfiteatro 3 cipressi 4 verde«, »VERSO BOVES E LE
    MONTAGNE PARTIGIANE«.
    Kolorierte Kugelschreiber-/Filzstift-Skizze

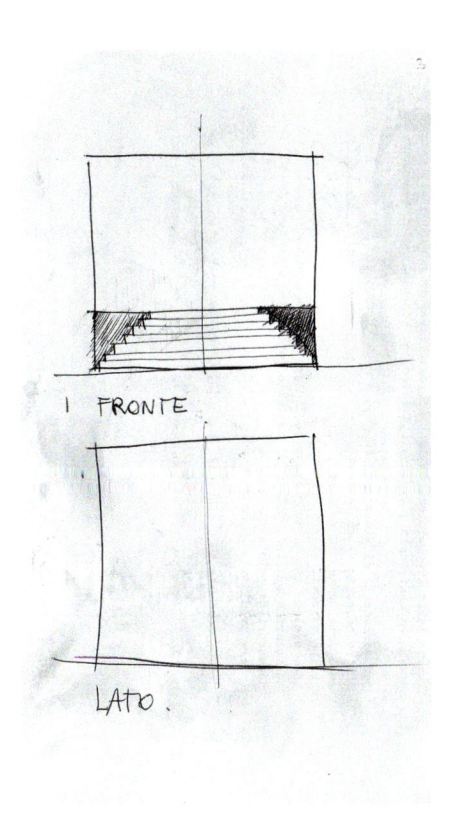

4   *Seite 3* Entwurfsstudie für das Widerstandsdenkmal in Cuneo,
    Vorder- und Seitenansicht, »FRONTE« und »LATO.«
    Kugelschreiber-/Bleistift-Skizze, eingeklebt

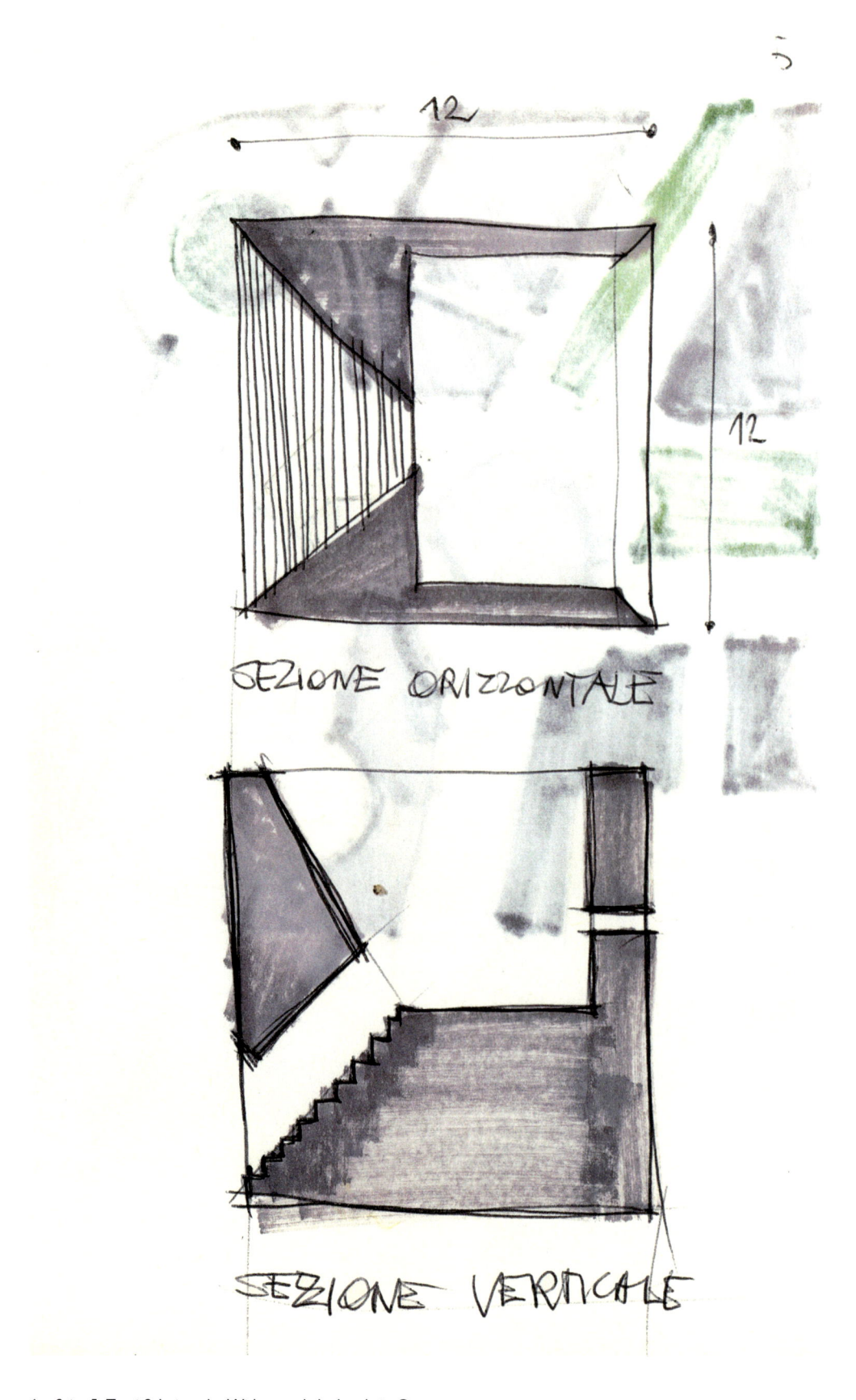

SEZIONE ORIZZONTALE

SEZIONE VERTICALE

6   *Seite 5* Zwei Schnitte des Widerstandsdenkmals in Cuneo,
»SEZIONE ORIZZONTALE«, »SEZIONE VERTICALE«
Kolorierte Kugelschreiber-/Filzstift-Skizze

7   *Seite 6* Perspektivische Aufsicht des Widerstandsdenkmals in Cuneo,
    Kolorierte Kugelschreiber-/Filzstift-Skizze

9   *Seite 8* Aufriss- und Grundriss-Skizzen des
    Verwaltungszentrums von Turin
    Kugelschreiber-Skizzen

11 *Seite 10* Skizze zum Höhenverhältnis von
    Mole Antonelliana und Verwaltungszentrum
    von Turin (Detail von Seite 9),
    »MOLE ANTONELLIANA A TORINO«
    Kugelschreiber-Skizze

13 *Seite 12* Städtebauliche Grundriss-
    Entwurfsskizze zum Verwaltungszentrum
    von Turin
    Kolorierte Kugelschreiber-/Filzstift-Skizze

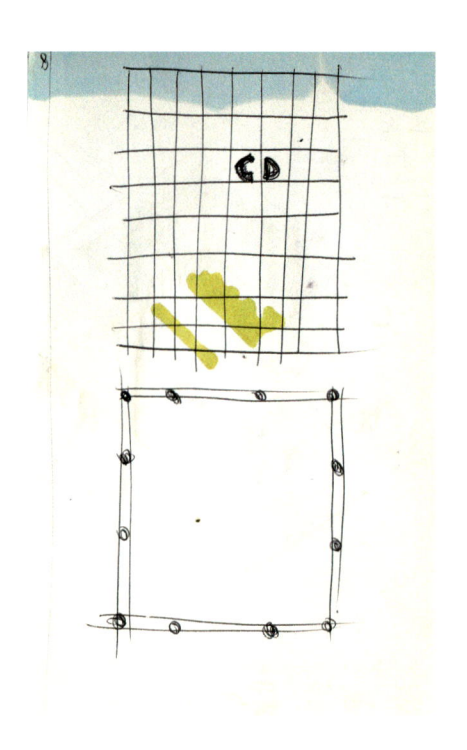

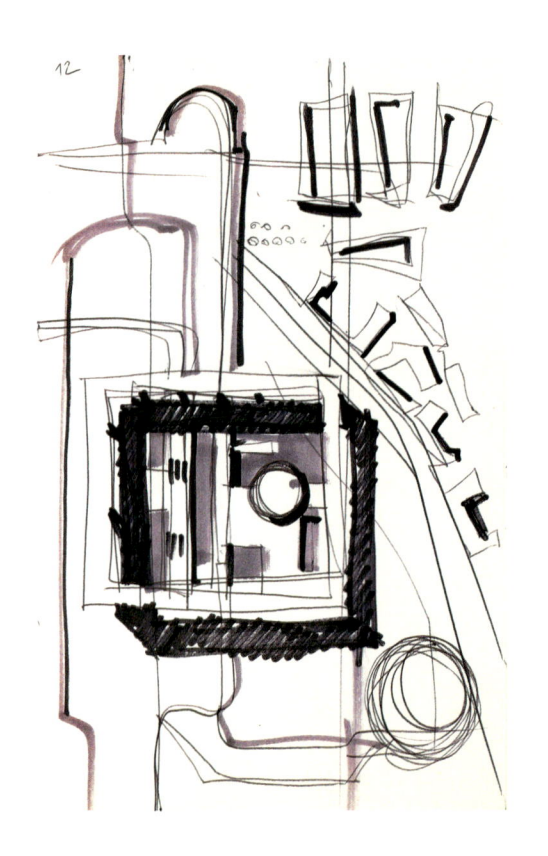

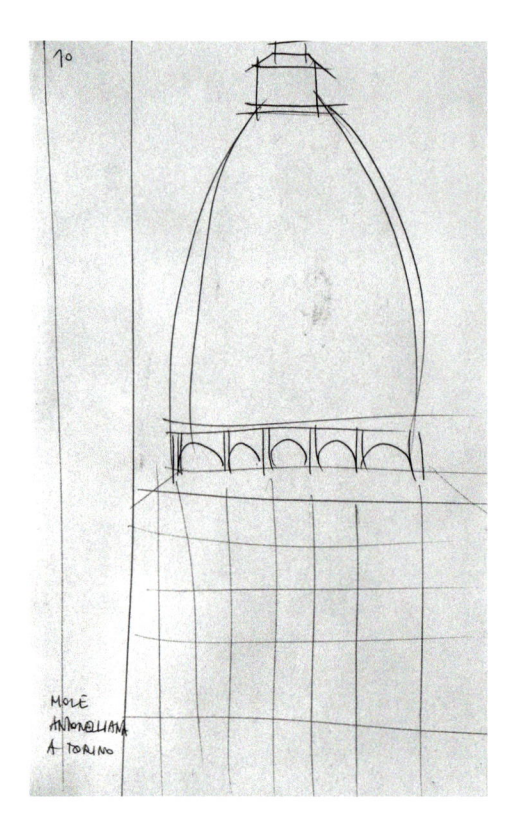

10 Seite 9 Das Verwaltungszentrum von Turin aus der Vogelperspektive mit Stadtsilhouette im Hintergrund,
»SPACCATO ASSONOMETRICO«, »73,1 mar während des endes – AR«
Kolorierte Kugelschreiber-/Filzstift-/Bleistift-Skizze

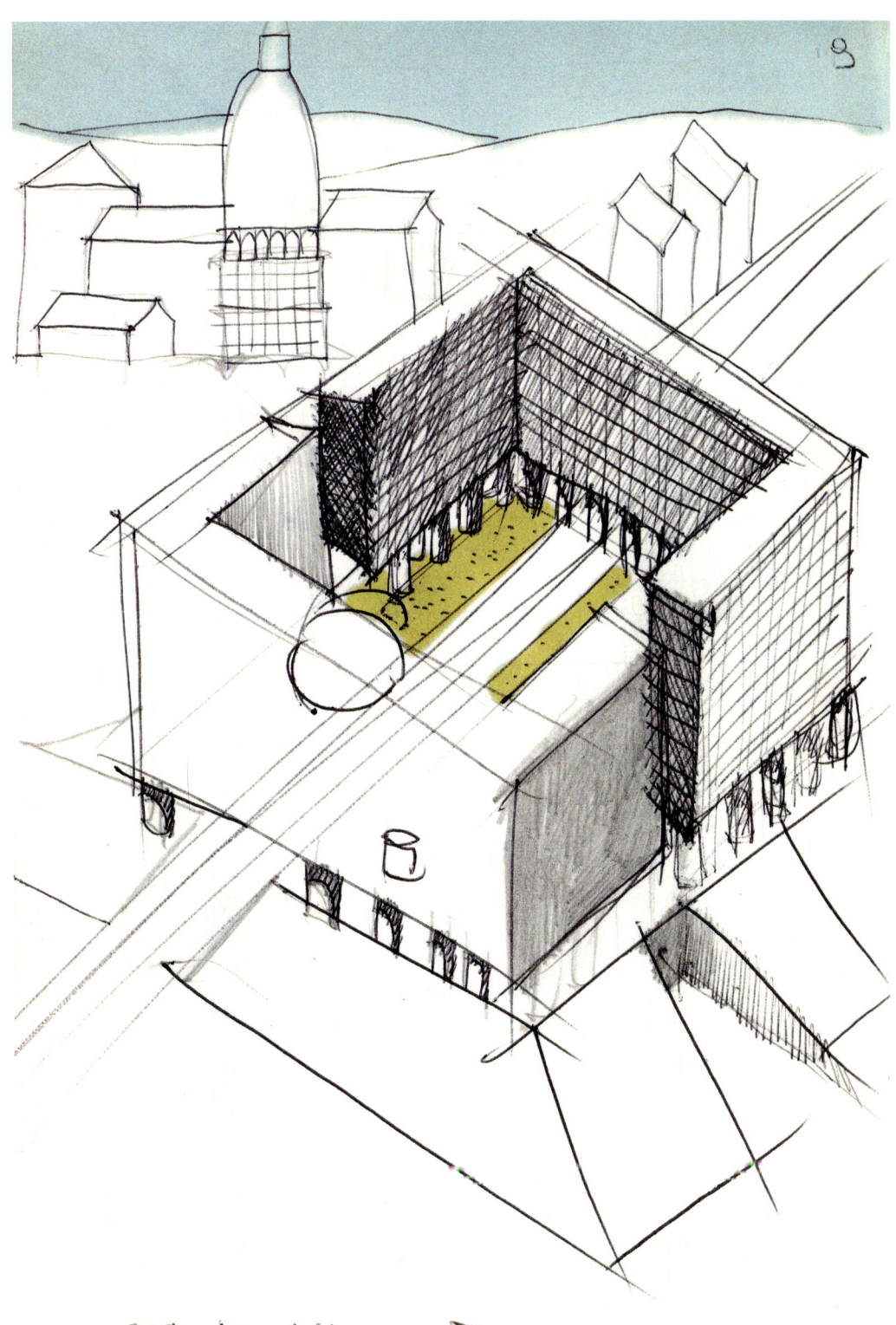

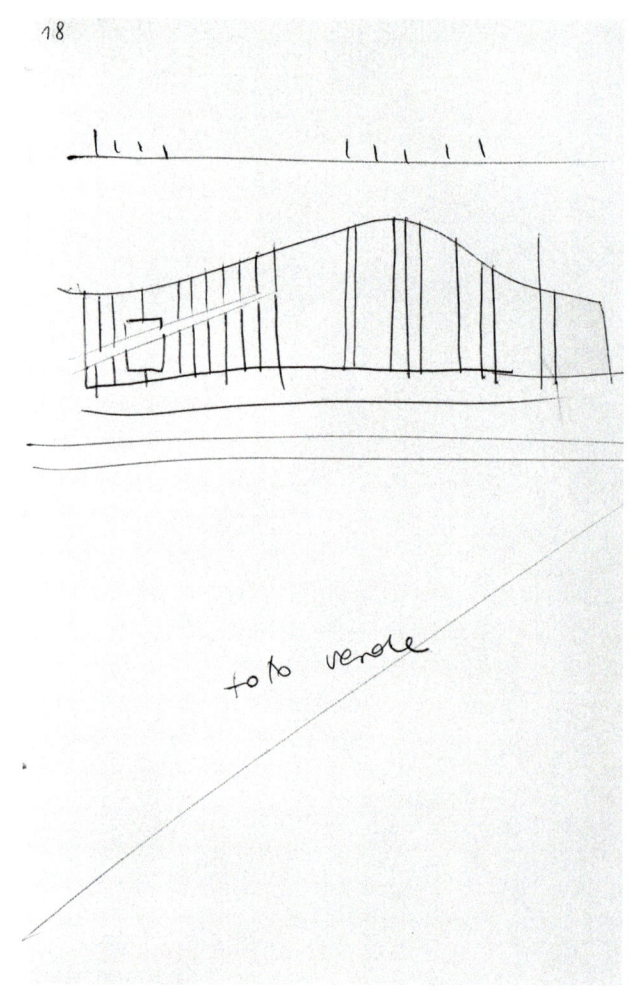

15 *Seite 14* Perspektivische Entwurfsstudie für eine Eisenbrücke
    im Park für die 13. Triennale in Mailand, 1964
    Kolorierte Kugelschreiber-/Filzstift-Skizze

19 *Seite 18* oben: Skizzierter Grundriss des Ausstellungsareals
    der 13. Triennale von Mailand, 1964, unten: »foto verde«
    Kugelschreiber-Skizze

23 *Seite 22* Grundriss-Studie mit Schlagschatten für den Rathausplatz von Segrate mit Partisanen-Denkmal, »Piazza del Municipio di Segrate. AR 72«
Kolorierte Kugelschreiber-/Filzstift-Skizze

25 *Seite 24* Ansichten und Schnitte des Partisanen-Denkmals von Segrate,
»TAVOLA. Per il monumento di Segrate Aldo Rossi 72«
Kolorierte Kugelschreiber-/Filzstift-Skizze

27 *Seite 26* Perspektivische Ansicht des Partisanen-Denkmals von Segrate vor industrieller Stadtsilhouette im Hintergrund, »foto.« (übermalt), »Monumento ai partigiani a Segrate. Aldo Rossi 72«
Kolorierte Kugelschreiber-/Filzstift-Skizze

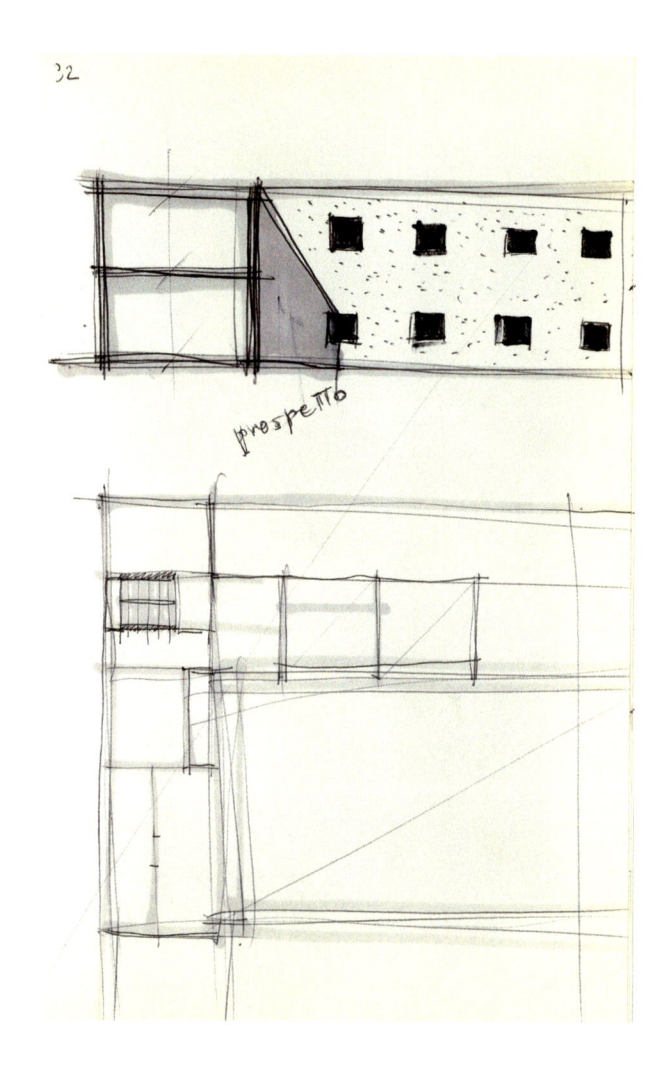

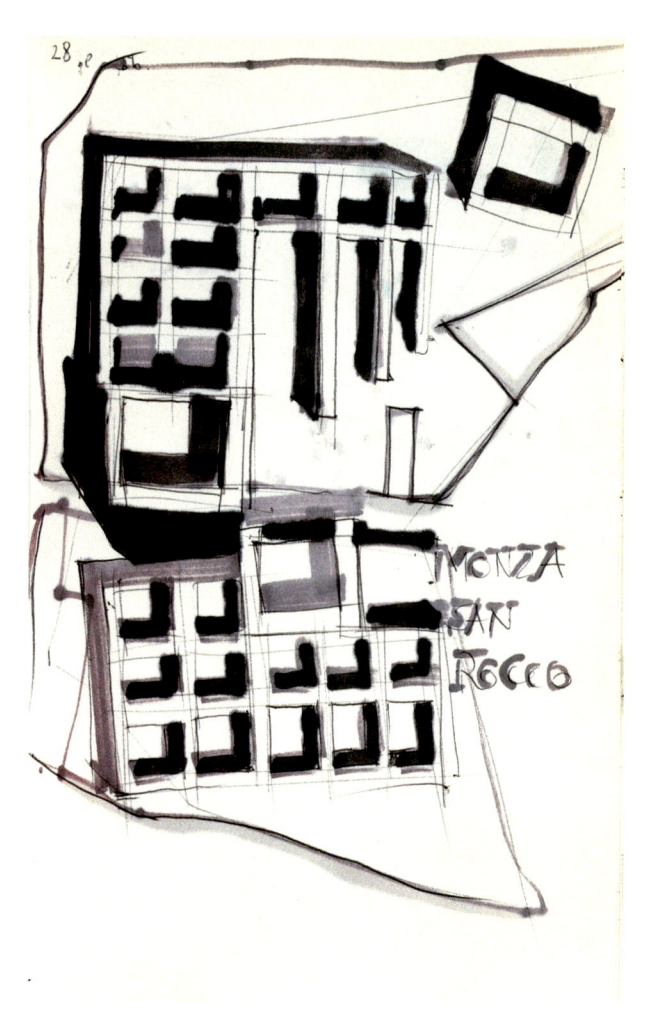

29 *Seite 28* Grundriss der Wohnsiedlung
im Viertel San Rocco in Monza,
»gl foto.«, »MONZA SAN ROCCO«
Kolorierte Kugelschreiber-/Filzstift-Skizze

33 *Seite 32* Schnitt und Grundriss-Studie für die
Wohnsiedlung im Viertel San Rocco in Monza,
»prospetto«
Kugelschreiber-/Filzstift-Skizzen

40/41   *Seiten 39/40* Entwurfsskizzen für das Teatro Paganini
und die Gestaltung der Piazza della Pilotta in Parma,
»Tavola composta«, »PLANIMETRIA E COSTRUZIONE«
Kugelschreiber-/Filzstift-Skizzen

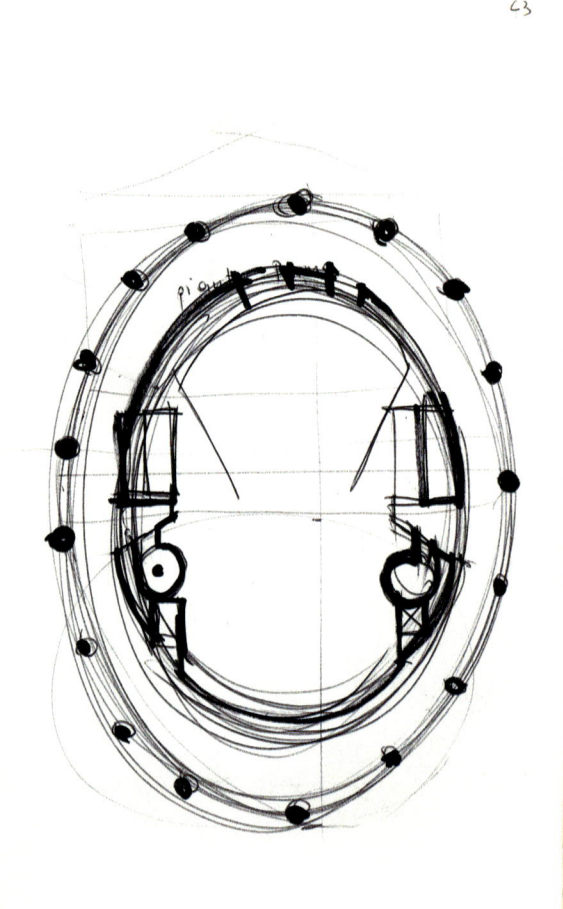

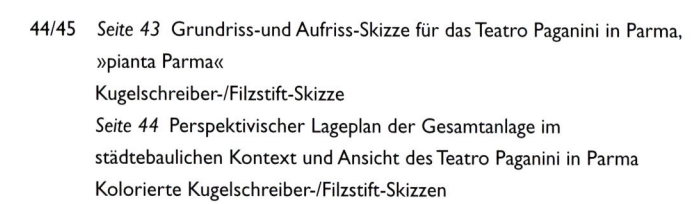

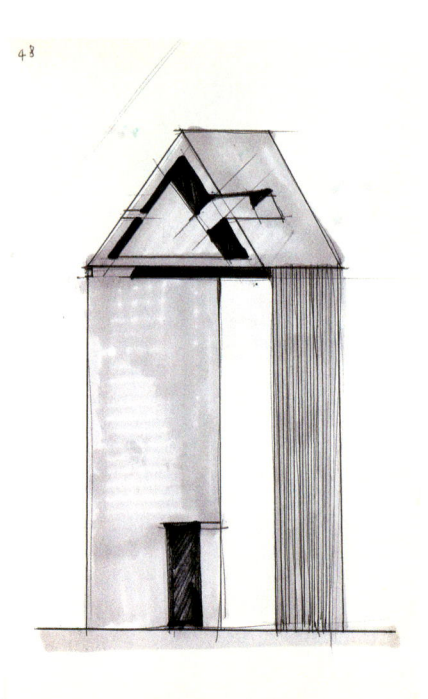

44/45 *Seite 43* Grundriss-und Aufriss-Skizze für das Teatro Paganini in Parma,
»pianta Parma«
Kugelschreiber-/Filzstift-Skizze
Seite 44 Perspektivischer Lageplan der Gesamtanlage im
städtebaulichen Kontext und Ansicht des Teatro Paganini in Parma
Kolorierte Kugelschreiber-/Filzstift-Skizzen

49 *Seite 48* Ansichtsskizze der Arkade des Teatro Paganini in Parma
Kolorierte Kugelschreiber-/Filzstift-Skizze

47 *Seite 46* Perspektivische Ansicht des Teatro Paganini und der Piazza della Pilotta in Parma,
»disegno colore«, »Parma piazza della Pilotta e teatro Paganini AR 73«
Kolorierte Kugelschreiber-/Filzstift-Skizze

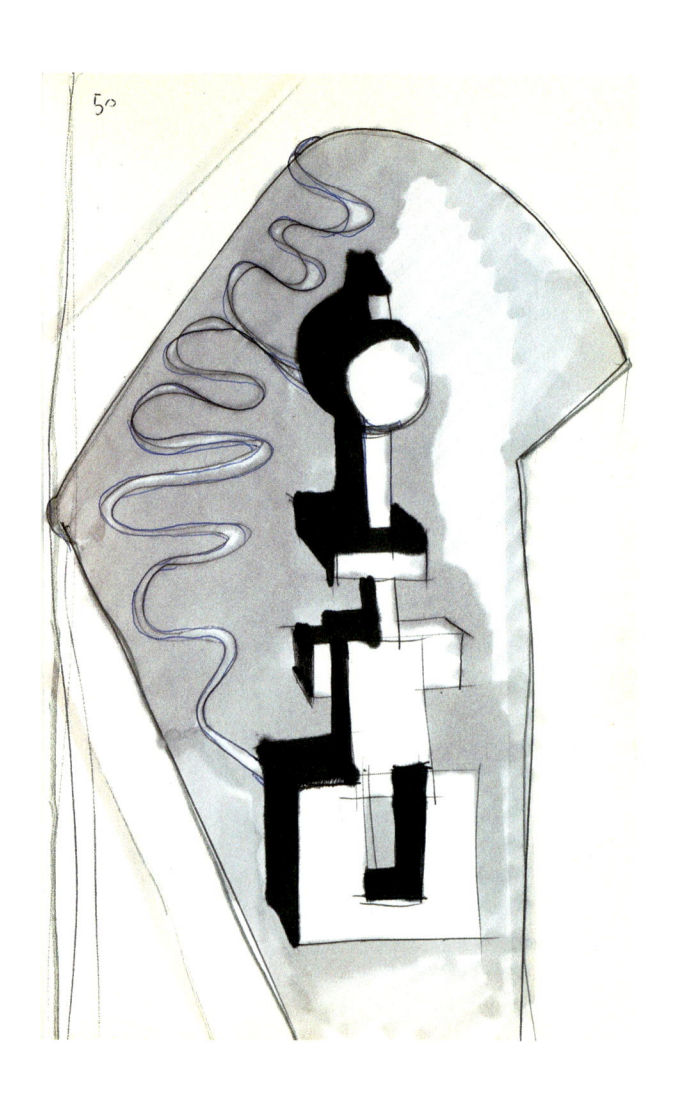

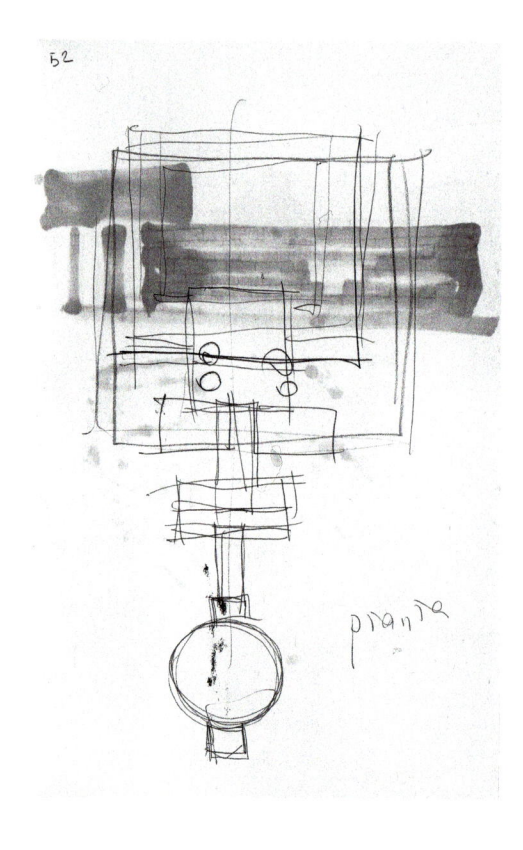

51 *Seite 50* Perspektivische Aufsicht auf die Gesamtanlage
des Rathauses von Scandicci
Kolorierte Bleistift-/Kugelschreiber-/Filzstift-Skizze

53 *Seite 52* Grundriss-Skizze zum Rathaus von Scandicci,
»pianta«
Bleistift-/Kugelschreiber-Skizze

54/55 *Seiten 53/54* Zwei Skizzen des Rathauses von Scandicci,
»sezione«, »prospetto«
Kolorierte Kugelschreiber-/Filzstift-Skizzen

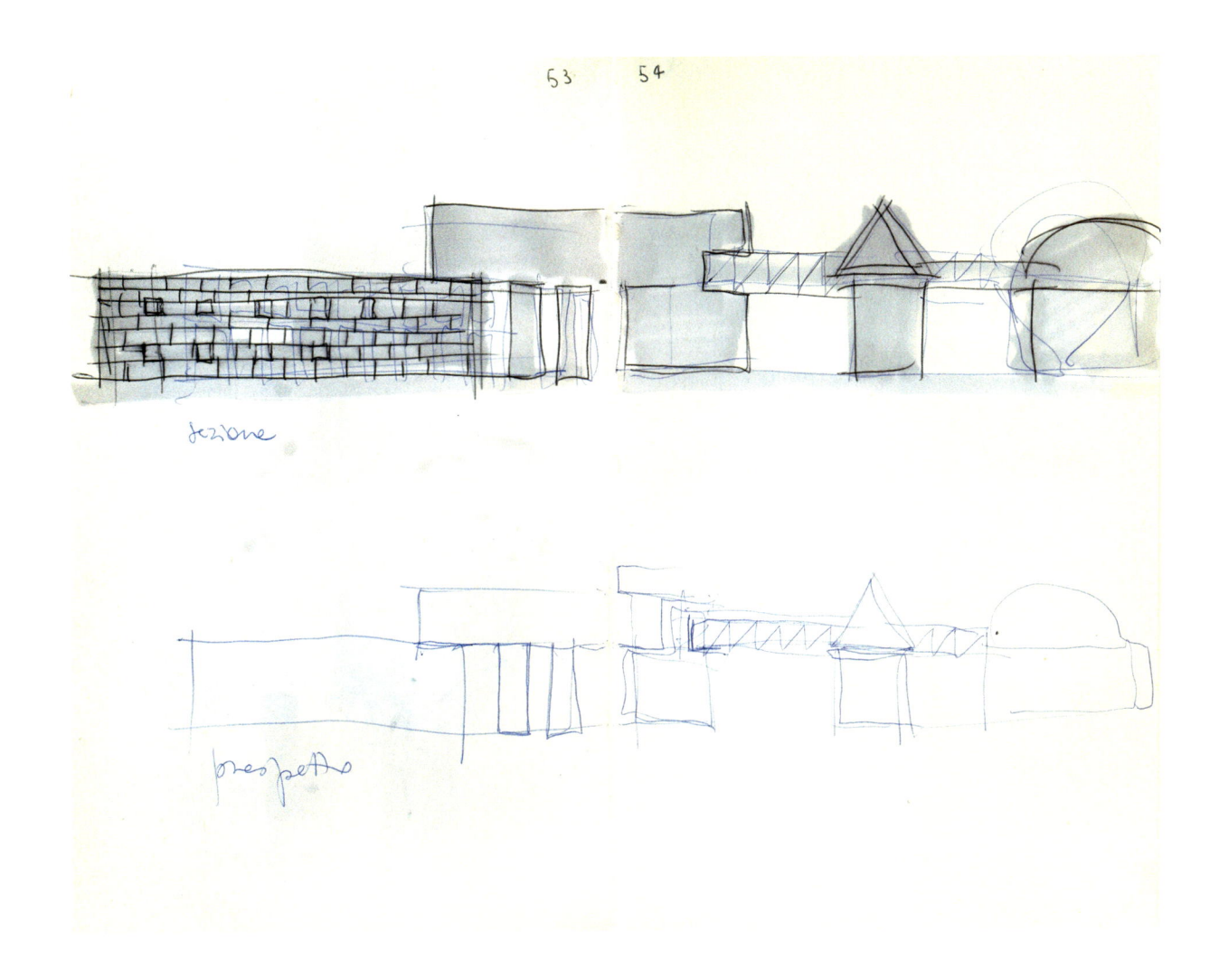

56   *Seite 55* Detail der Seitenansicht,
     die Pfeilerstellung des Rathauses von Scandicci
     Bleistift-/Kugelschreiber-Skizze

57 *Seite 56* Perspektivische Schrägaufsicht und Seitenansicht des Rathauses von Scandicci, »plastico«
Kolorierte Kugelschreiber-/Filzstift-Skizzen

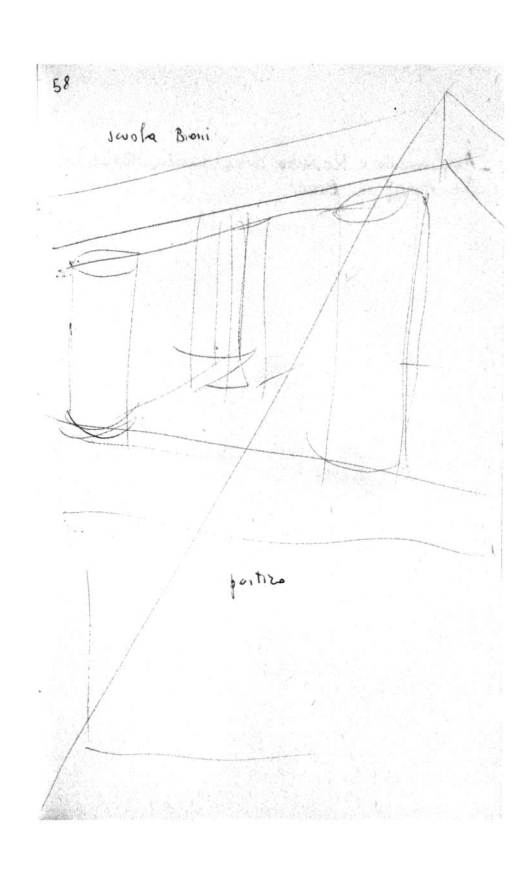

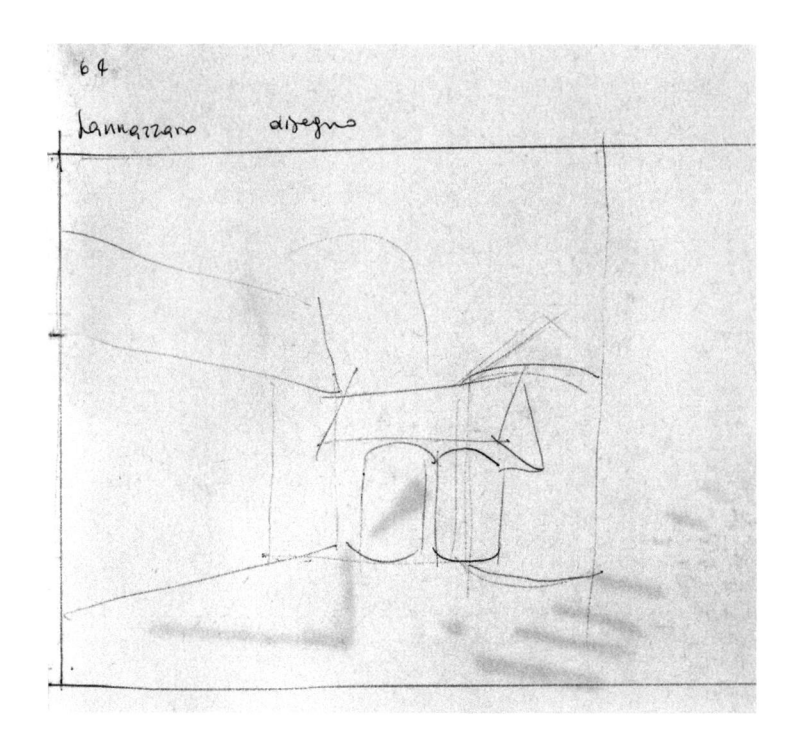

59 *Seite 58* Skizze zum Portikus der Schule
De Amicis in Broni,
»scuola Broni«, »portico«
Kugelschreiber-Skizze

65 *Seite 64* Perspektivische Detailskizze
der Piazza in Sannazzaro de'Burgondi,
»Sannazzaro«, »disegno«
Kugelschreiber-Skizze

64 *Seite 63* Perspektivische Ansicht der Piazza in Sannazzaro de'Burgondi,
»plastico«, »Sannazzaro«
Kolorierte Kugelschreiber-/Filzstift-Skizze

71 *Seite 70* Ausschnitt der Westfassade zum Garten, Seite des
Wohnblocks in Gallaratese mit Dehnungsfuge aus der Vogelperspektive
Kolorierte Kugelschreiber-/Filzstift-Skizze

75 *Seite 74* Blick in den unteren Bereich des Wohnblocks in Gallaratese mit
Haupttreppe und Pfeilern, »foto Helfenstein«
Kolorierte Kugelschreiber-/Filzstift-Skizze

78

79 *Seite 78* Perspektivische Entwurfskomposition für das Rathaus in Muggiò,
»Municipio e monumento infranto. 1974. Aldo Rossi«
Kolorierte Kugelschreiber-/Ölkreide-Skizze, eingeklebt

81 *Seite 80* Grundriss-Studie für das Rathaus in Muggiò,
»pianta Municipio«
Kolorierte Kugelschreiber-/Filzstift-Skizze

84 *Seite 83* Perspektivische Entwurfskomposition für das Rathaus in Muggiò,
»Muggiò«, »rel.« (übermalt), »Progetto di un Municipio. 1973. Aldo Rossi«
Kolorierte Kugelschreiber-/Buntstift-/Filzstift-Skizze

85 *Seite 88* Perspektivische Ansicht des Friedhofs San Cataldo vor industrieller Stadtsilhouette im Hintergrund, »L'azzurro del cielo«, »prospettiva a colori« (übermalt), »Cimitero di Modena. prospettiva. Aldo Rossi 72.«
Kolorierte Kugelschreiber-/Filzstift-/Ölkreide-Skizze

87 *Seite 90* Entwurfskomposition,
»Schizzo monumento partigiani. AR 72«
Kolorierte Kugelschreiber-/Buntstift-/
Filzstift-Skizze

90

schizzo monumento partigiani.

AR 79

88/89 *Seiten 95/96* Stilisierte Plankomposition mit verschiedenen Grund- und Aufrissen vom Friedhof San Cataldo in Modena, genannt »Das Gänsespiel« oder »Spiel des Todes«,
»colori composita« (übermalt), »Il gioco della morte. Il cimitero di Modena. Aldo Rossi 1972«
Kolorierte Kugelschreiber-/Buntstift-/Filzstift-Skizze

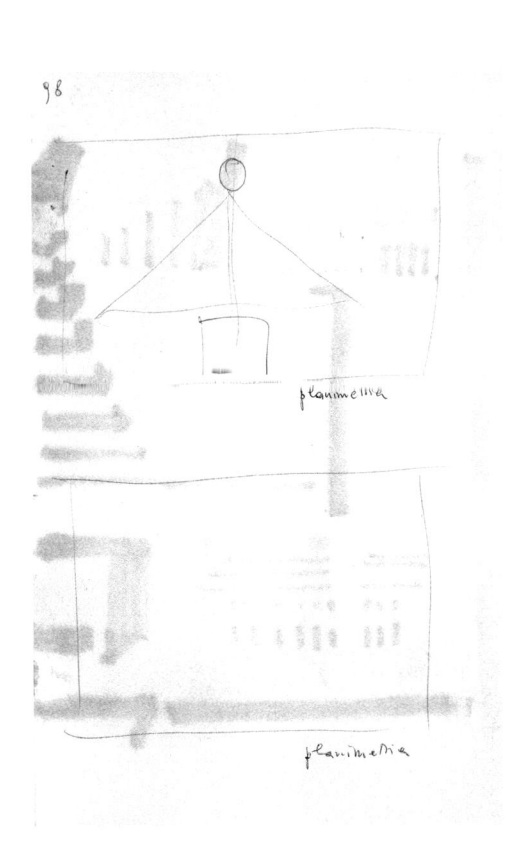

91 *Seite 98* Seite unterteilt, oben: Entwurfsskizze San Cataldo,
»planimetria«, unten: nicht ausgeführt, »planimetria«
Kugelschreiber-Skizzen

95 *Seite 102* Perspektivische Ansicht,
»una casa«, »8 giugno 74 AR«
Kolorierte Bleistift-/Kugelschreiber-/Filzstift-Skizze, eingeklebt

99 *Seite 106* Perspektivische Entwurfsskizze zu San Cataldo,
»studi in prospettive.«
Kugelschreiber-Skizze

102 *Seite 109* Zwei Grundrissvarianten der Grundschule in Fagnano Olona,
Projekttitel »Scuola Fagnano Olona.«, »Relazione«
Bleistift-/Kugelschreiber-/Filzstift-Skizzen

103   *Seite 110* Aufsicht der Grundschule von Fagnano Olona
mit Schlagschatten, »foto plastico.«
Bleistift-/Kugelschreiber-Skizze

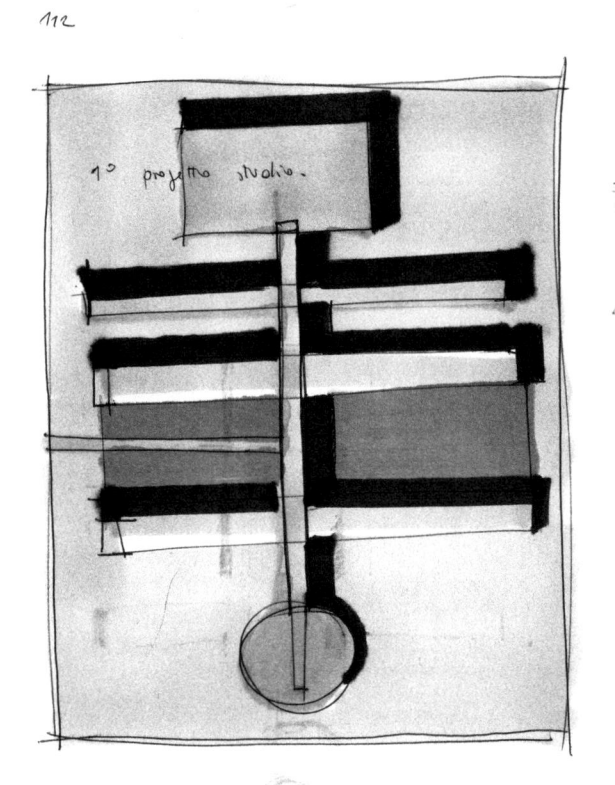

104 *Seite 111* Grundrissvariante der Grundschule von Fagnano Olona,
»1° progetto studio«
Kugelschreiber-/Filzstift-Skizze

105 *Seite 112* Grundrissvariante der Grundschule von Fagnano Olona,
»1° progetto studio.«
Kolorierte Kugelschreiber-/Filzstift-Skizze

109 Seite 116 Detail der Fassadenkomposition der Grundschule von Fagnano Olona, »sezioni«, »prospetti«
Kolorierte Kugelschreiber-/Filzstift-/Bleistift-Skizze

111 *Seite 118* Hofansicht der Grundschule von Fagnano Olona,
»prospettiva.«, »marzo 1973 AR«
Kolorierte Kugelschreiber-/Filzstift-Skizze

117 Seitenansicht einer Entwurfsvariante der Grundschule in Fagnano Olona,
»Scuola di Fagnano Olona. fianco. 1973 Aldo Rossi«
Kolorierte Kugelschreiber-/Ölkreide-Skizze

121 Zerstörte Architektur,
»Architettura assassinata. maggio 1974. Aldo Rossi«
Kolorierte Kugelschreiber-/Filzstift-/Ölkreide-Skizze

123 Zerstörte Architektur,
»L' architecture assassinée. 2. mar 75 Aldo Rossi«, »AR 75.«
Mit Filzstift kolorierte Kugelschreiber-Skizze

125 Platzkomposition mit dem Partisanen-Denkmal von Segrate,
»Periferia urbana con monumento maggio 74 Aldo Rossi.«
Mit Filzstift kolorierte Radierung, eingeklebt

127 Perspektivische Ansicht des Pförtnerhauses für die Villa im Wald in Borgo Ticino,
»Casa Bay. portineria AR 75«
Kolorierte Filzstift-/Buntstift-Skizze

Skizzenbuch I (1972 – 1974)

Gebunden in blauem Kunstleder mit weißem Prägedruck
»20 O.RUMI LAVORAZIONE ALLE MACCHINE UTENSILI«
22,3 x 14,5 x 2,5 cm
Inventar 216-012-001

Das Skizzenbuch I ist zu einem großen Teil fortlaufend paginiert. Da jedoch einige Seiten herausgetrennt wurden und andere Seiten keine Paginierung tragen, wurde zur besseren Übersichtlichkeit eine durchgehende Nummerierung vorgenommen. Die auf den Blättern selbst vermerkten Seitenzahlen sind kursiv gesetzt.

Deckblatt
    I   Katalogisierungsangaben
    II   Seite frei
    III   Datierungsangaben: »nov 1972«, »mar 1973«, »1974.«
    IV   Seite frei
    V   Titelangabe »ALDO ROSSI«, »LA CITTÀ ANALOGA«, »ARCHITETTURE E SCRITTI 1960 – 1972«
    VI   Seite frei
    VII   Inhaltsverzeichnis ohne weitere Angaben: »SOMMARIO.«
    VIII   Seite frei

Es folgen mehrere herausgetrennte Blätter.

1   *Seite 51* »ALDO ROSSI«, »ALCUNE MIE ARCHITETTURE«, Titelangabe mit gedrucktem Grundriss-Emblem des Hadrian-Mausoleums (Engelsburg), eingeklebt

2   *Seite 52/1* Projekttitel »MONUMENTO ALLA RESISTENZA A CUNEO.«

Ein mit Schreibmaschine beschriebenes, lose eingefügtes Blatt enthält eine Projektbeschreibung des Partisanendenkmals in Cuneo:

»L'orientamento del monumento è determinato
dalle visuali principali verso le montagne di
Boves ; il fronte panoramico è rivolto verso
i luoghi delle battaglie
che rimangono inquadrati dalla finestra fessu=
ra posta all'altezza dell'occhio. Il monumento
è realizzato con struttura muraria in calce=
struzzo a casseri perduti formati da lastre
di pietra dello spessore di cm.6. Tutte le su=
perfici sono dello stesso tipo di pietra ; in
punti definiti sono collocate le scritte com=
memorative e i nomi dei partigiani uccisi. il
monumento è«

»Die Ausrichtung des Denkmals ist vorbestimmt durch die Aussicht auf die Berge von Boves; der Ausblick wendet sich den Kampfschauplätzen zu, die durch die auf Augenhöhe angebrachten Fensterschlitze eingerahmt werden. Die Mauern des Monuments wurden in Beton mit verlorener Schalung realisiert, die aus 6 Zentimeter starken Steinplatten besteht. Für alle Oberflächen wurde die gleiche Art von Stein verwendet; an bestimmten Stellen sind die Denkschriften und die Namen der getöteten Partisanen angebracht.«

3   *Seite 53/2* Widerstandsdenkmal in Cuneo, Titelblattentwurf für »casabella CONTINUITÀ PROGETTI DI ARCHITETTI ITALIANI«, »CASABELLA CONTINUITÀ diretta da Ernesto N. Rogers giugno 1973 n. 276«
Kugelschreiber-/Filzstift-Skizze

4   *Seite 3* Entwurfsstudie für das Widerstandsdenkmal in Cuneo, Vorder- und Seitenansicht, »FRONTE« und »LATO.«
Kugelschreiber-/Bleistift-Skizze, eingeklebt

5   *Seite 4* Städtebauliche Grundriss-Studie von Cuneo mit Widerstandsdenkmal »PLANIMETRIA GENERALE«, »1 monumento 2 anfiteatro 3 cipressi 4 verde«, »VERSO BOVES E LE MONTAGNE PARTIGIANE«
Kolorierte Kugelschreiber-/Filzstift-Skizze

6   *Seite 5* Zwei Schnitte des Widerstandsdenkmals in Cuneo, »SEZIONE ORIZZONTALE«, »SEZIONE VERTICALE«
Kolorierte Kugelschreiber-/Filzstift-Skizze

7   *Seite 6* Perspektivische Aufsicht des Widerstandsdenkmals in Cuneo
Kolorierte Kugelschreiber-/Filzstift-Skizze

8   *Seite 7* Projekttitel »CENTRO DIREZIONALE DI TORINO.«, »relazione«, Seite durchgestrichen

9   *Seite 8* Aufriss- und Grundriss-Skizzen des Verwaltungszentrums von Turin
Kugelschreiber-Skizzen

10   *Seite 9* Das Verwaltungszentrum von Turin aus der Vogelperspektive mit Stadtsilhouette im Hintergrund, »SPACCATO ASSONOMETRICO«, »73,1 mar während des endes – AR«
Kolorierte Kugelschreiber-/Filzstift-/Bleistift-Skizze

11   *Seite 10* Skizze zum Höhenverhältnis von Mole Antonelliana und Verwaltungszentrum von Turin (Detail von Seite 9), »MOLE ANTONELLIANA A TORINO«
Kugelschreiber-Skizze

12   *Seite 11* »rel.«, Seite durchgestrichen

13   *Seite 12* Städtebauliche Grundriss-Entwurfsskizze zum Verwaltungszentrum von Turin
Kolorierte Kugelschreiber-/Filzstift-Skizze

14   *Seite 13* Projekttitel »TRIENNALE«, »relazione«, Seite durchgestrichen

15   *Seite 14* Perspektivische Entwurfsstudie für eine Eisenbrücke im Park für die 13. Triennale in Mailand, 1964
Kolorierte Kugelschreiber-/Filzstift-Skizze

16 *Seite 15* »relazione«, Seite durchgestrichen

17 *Seite 16* »foto ponte«, Seite durchgestrichen

18 *Seite 17* »rel.«, Seite durchgestrichen

19 *Seite 18* oben: Skizzierter Grundriss des Ausstellungsareals der 13. Triennale von Mailand, 1964, unten: »foto verde«, diese Hälfte der Seite durchgestrichen
Kugelschreiber-Skizze

20 *Seite 19* durchgestrichen

21 *Seite 20* »foto ingresso.«, durchgestrichen

22 *Seite 21* Projekttitel »MONUMENTO SEGRATE«, »rel.«, durchgestrichen

23 *Seite 22* Grundriss-Studie mit Schlagschatten für den Rathausplatz von Segrate mit Partisanen-Denkmal, »Piazza del Municipio di Segrate. AR 72«
Kolorierte Kugelschreiber-/Filzstift-Skizze

24 *Seite 23* »rel.«, durchgestrichen

25 *Seite 24* Ansichten und Schnitte des Partisanen-Denkmals von Segrate »TAVOLA. Per il monumento di Segrate Aldo Rossi 72«
Kolorierte Kugelschreiber-/Filzstift-Skizze

26 *Seite 25* »rel.«, durchgestrichen

27 *Seite 26* Perspektivische Ansicht des Partisanen-Denkmals von Segrate vor industrieller Stadtsilhouette im Hintergrund, »foto.« (übermalt), »Monumento ai partigiani a Segrate. Aldo Rossi 72«
Kolorierte Kugelschreiber-/Filzstift-Skizze

28 *Seite 27* Projekttitel »SAN ROCCO«, »rel.«, durchgestrichen

29 *Seite 28* Grundriss der Wohnsiedlung im Viertel San Rocco in Monza, »gl foto.«, »MONZA SAN ROCCO«
Kolorierte Kugelschreiber-/Filzstift-Skizze

30 *Seite 29* »rel.«, durchgestrichen

31 *Seite 30* »foto pavia cortile.«, »pianta Pavia.«, durchgestrichen

32 *Seite 31* »rel.«, durchgestrichen

33 *Seite 32* Schnitt und Grundriss-Studie für die Wohnsiedlung im Viertel San Rocco in Monza, »prospetto«
Kugelschreiber-/Filzstift-Skizzen

34 *Seite 33* durchgestrichen

35 *Seite 34* Beschriftung »foto plastico.«

36 *Seite 35* »re.«, durchgestrichen

37 *Seite 36* Beschriftung »appartament.«

38 *Seite 37* Projekttitel »SISTEMAZIONE PILOTTA E TEATRO PAGANINI A PARMA.«, »rel.«, durchgestrichen

39 *Seite 38* »pianta parma.«, durchgestrichen

40/41 *Seiten 39/40* Entwurfsskizzen für das Teatro Paganini und die Gestaltung der Piazza della Pilotta in Parma, »Tavola composta«, »PLANIMETRIA E COSTRUZIONE«, durchgestrichen
Kugelschreiber-/Filzstift-Skizzen

42 *Seite 41* »rel.«, durchgestrichen

43 *Seite 42* Beschriftung »foto pilotta.«

44/45 *Seite 43* Grundriss-und Aufriss-Skizze für das Teatro Paganini in Parma, »pianta Parma«
Kugelschreiber-/Filzstift-Skizze
Seite 44 Perspektivischer Lageplan der Gesamtanlage im städtebaulichen Kontext und Ansicht des Teatro Paganini in Parma
Kolorierte Kugelschreiber-/Filzstift-Skizzen

46 *Seite 45* Beschriftung »rel.«

47 *Seite 46* Perspektivische Ansicht des Teatro Paganini und der Piazza della Pilotta in Parma, »disegno colore«, »Parma piazza della Pilotta e teatro Paganini AR 73«
Kolorierte Kugelschreiber-/Filzstift-Skizze

48 *Seite 47* »colore libero«, durchgestrichen

49 *Seite 48* Ansichtsskizze der Arkade des Teatro Paganini in Parma
Kolorierte Kugelschreiber-/Filzstift-Skizze

50 *Seite 49* Projekttitel »MUNICIPIO DI SCANDICCI – 196`«, »rel.«, durchgestrichen

51 *Seite 50* Perspektivische Aufsicht auf die Gesamtanlage des Rathauses von Scandicci
Kolorierte Bleistift-/Kugelschreiber-/Filzstift-Skizze

52 *Seite 51* »rel.«, durchgestrichen

53 *Seite 52* Grundriss-Skizze zum Rathaus von Scandicci, »pianta«
Bleistift-/Kugelschreiber-Skizze

54/55 *Seiten 53/54* Zwei Skizzen des Rathauses von Scandicci, »sezione«, »prospetto«
Kolorierte Kugelschreiber-/Filzstift-Skizzen

56 *Seite 55* Detail der Seitenansicht, die Pfeilerstellung, des Rathauses von Scandicci
Bleistift-/Kugelschreiber-Skizze

57 *Seite 56* Perspektivische Schrägaufsicht und Seitenansicht des Rathauses von Scandicci, »plastico«
Kolorierte Kugelschreiber-/Filzstift-Skizzen

58 *Seite 57* Projekttitel »scuola Broni«, »relazione«, durchgestrichen

59 *Seite 58* Skizze zum Portikus der Schule De Amicis in Broni, »scuola Broni«, »portico«
Kugelschreiber-Skizze

60 *Seite 59* Projekttitel »scuola Broni«, »Ampliamento e Restauro della Scuola Elementare De Amicis in Broni.«, durchgestrichen

61 *Seite 60* »scuola Broni«, »Scala.«, durchgestrichen

62 *Seite 61* Projekttitel »Sannazzaro«, »rel«, durchgestrichen

63 *Seite 62* Seite in zwei Felder unterteilt,
Projekttitel »Sannazzaro«, »foto plastico«, »pianta«

64 *Seite 63* Perspektivische Ansicht der Piazza in Sannazzaro de' Burgondi, »plastico«, »Sannazzaro«
Kolorierte Kugelschreiber-/Filzstift-Skizze

65 *Seite 64* Perspektivische Detailskizze der Piazza in Sannazzaro de' Burgondi, »Sannazzaro«, »disegno«
Kugelschreiber-Skizze

66 *Seite 65* »Trieste«, durchgestrichen

67 *Seite 66* »Trieste«, »Trieste.«, durchgestrichen

68 *Seite 67* »Trieste«, unterteilt

69 *Seite 68* »Trieste.«, »prospetto«, »pianta«, unterteilt

70 *Seite 69* Projekttitel »Quartiere Gallaratese«, »Unità Residenziale al Quartiere Gallaratese a Milano.«

71 *Seite 70* Ausschnitt der Westfassade zum Garten, Seite des Wohnblocks in Gallaratese mit Dehnungsfuge aus der Vogelperspektive
Kolorierte Kugelschreiber-/Filzstift-Skizze

72 *Seite 71* frei

73 *Seite 72* durchgestrichen

74 *Seite 73* frei

75 *Seite 74* Blick in den unteren Bereich des Wohnblocks in Gallaratese mit Haupttreppe und Pfeilern, »foto Helfenstein«
Kolorierte Kugelschreiber-/Filzstift-Skizze

76 *Seite 75* frei

77 *Seite 76* frei

78 *Seite 77* Projekttitel »Municipio di Muggiò.« (durchgestrichen), »Progetto di un Municipio.«

79 *Seite 78* Perspektivische Entwurfskomposition für das Rathaus in Muggiò, »Municipio e monumento infranto. 1974. Aldo Rossi«
Kolorierte Kugelschreiber-/Ölkreide-Skizze, eingeklebt

80 *Seite 79* frei

81 *Seite 80* Grundriss-Studie für das Rathaus in Muggiò, »pianta Municipio«
Kolorierte Kugelschreiber-/Filzstift-Skizze

82 *Seite 81* frei

83 *Seite 82* frei

84 *Seite 83* Perspektivische Entwurfskomposition für das Rathaus in Muggiò, »Muggiò«, »rel.« (übermalt), »Progetto di un Municipio. 1973. Aldo Rossi«
Kolorierte Kugelschreiber-/Buntstift-/Filzstift-Skizze

Die Seiten 84 bis 87 sind herausgetrennt.

85 *Seite 88* Perspektivische Ansicht des Friedhofs San Cataldo vor industrieller Stadtsilhouette im Hintergrund, »L' azzurro del cielo«, »prospettiva a colori« (übermalt), »Cimitero di Modena. prospettiva. Aldo Rossi 72.«
Kolorierte Kugelschreiber-/Filzstift-/Ölkreide-Skizze

86 *Seite 89* »Relazione 1«, durchgestrichen

87 *Seite 90* Entwurfskomposition,
»Schizzo monumento partigiani. AR 72«
Kolorierte Kugelschreiber-/Buntstift-/Filzstift-Skizze

Die Seiten 91 bis 94 sind zusammengeklebt.

88/89 *Seiten 95/96* Stilisierte Plankomposition mit verschiedenen Grund- und Aufrissen vom Friedhof San Cataldo in Modena, genannt »Das Gänsespiel« oder »Spiel des Todes«,
»colori composita« (übermalt), »Il gioco della morte. Il cimitero di Modena. Aldo Rossi 1972«
Kolorierte Kugelschreiber-/Buntstift-/Filzstift-Skizze

90 *Seite 97* »relazione«, durchgestrichen

91 *Seite 98* Seite unterteilt, oben: Entwurfsskizze San Cataldo, »planimetria«, unten: nicht ausgeführt, »planimetria«
Kugelschreiber-Skizzen

92 *Seite 99* »relazione«, durchgestrichen

93 *Seite 100* »prospetti«, »prospetti«, unterteilt

94 *Seite 101* »cubo«, durchgestrichen

95   *Seite 102* Perspektivische Ansicht, »una casa«, »8 giugno 74 AR«
Kolorierte Bleistift-/Kugelschreiber-/Filzstift-Skizze, eingeklebt

96   *Seite 103* »relazione«, durchgestrichen

97   *Seite 104* »foto Tombe Burga.«, durchgestrichen

98   *Seite 105* »relazione«, durchgestrichen

99   *Seite 106* Perspektivische Entwurfsskizze zu San Cataldo,
»studi in prospettive.«
Kugelschreiber-Skizze

100   *Seite 107* »tavola pr. Braghieri.«, mit Leerfeld

101   *Seite 108* »prospettiva catalogo grigia.«, durchgestrichen

102   *Seite 109* Zwei Grundrissvarianten der Grundschule in Fagnano Olona, Projekttitel »Scuola Fagnano Olona.«, »Relazione«
Bleistift-/Kugelschreiber-/Filzstift-Skizzen

103   *Seite 110* Aufsicht der Grundschule von Fagnano Olona mit Schlagschatten, »foto plastico.«
Bleistift-/Kugelschreiber-Skizze

104   *Seite 111* Grundrissvariante der Grundschule von Fagnano Olona, »1° progetto studio«
Kugelschreiber-/Filzstift-Skizze

105   *Seite 112* Grundrissvariante der Grundschule von Fagnano Olona, »1° progetto studio.«
Kolorierte Kugelschreiber-/Filzstift-Skizze

106   *Seite 113* durchgestrichen

107   *Seite 114* »planimetria.«, durchgestrichen

108   *Seite 115* unterteilt in zwei Bildfelder

109   *Seite 116* Detail der Fassadenkomposition der Grundschule von Fagnano Olona, »sezioni«, »prospetti«
Kolorierte Kugelschreiber-/Filzstift-/Bleistift-Skizze

110   *Seite 117* Beschriftung »foto plastico«

111   *Seite 118* Hofansicht der Grundschule von Fagnano Olona, »prospettiva.«, »marzo 1973 AR«
Kolorierte Kugelschreiber-/Filzstift-Skizze

112   *Seite 119* »biografia«, durchgestrichen

113   *Seite 120* Beschriftung »elenco delle opere«, »architetture. scritti.«, beides durchgestrichen

Ab Seite 120 bricht die Nummerierung im Skizzenbuch ab; zur systematischen Übersicht wird die übergeordnete Nummerierung aber im Folgenden fortgesetzt.

114   freie Seite

115   freie Seite

116   freie Seite

117   Seitenansicht einer Entwurfsvariante der Grundschule in Fagnano Olona, »Scuola di Fagnano Olona. fianco. 1973 Aldo Rossi«
Kolorierte Kugelschreiber-/Ölkreide-Skizze

118   freie Seite

119   freie Seite

120   Projekttitel »Architettura assassinata – maggio 1974. Studio per una incisione.«

121   Zerstörte Architektur,
»Architettura assassinata. maggio 1974. Aldo Rossi«
Kolorierte Kugelschreiber-/Filzstift-/Ölkreide-Skizze

122   freie Seite

123   Zerstörte Architektur,
»L'architecture assassinée. 2. mar 75 Aldo Rossi«, »AR 75.«
Mit Filzstift kolorierte Kugelschreiber-Skizze

124   Projekttitel »Edificio della Regione a Trieste. 1974«,
»Trieste e una donna.«

125   Platzkomposition mit dem Partisanen-Denkmal von Segrate,
»Periferia urbana con monumento maggio 74 Aldo Rossi.«
Mit Filzstift kolorierte Radierung, eingeklebt

126   freie Seite

Die folgenden zwei Blätter sind herausgetrennt.

127   Perspektivische Ansicht des Pförtnerhauses für die Villa im Wald in Borgo Ticino, »Casa Bay. portineria AR 75«
Kolorierte Filzstift-/Buntstift-Skizze

128   freie Seite

Skizzenbuch II

(1978 – 1980)

der Weg zur Schule
DDR Signo 79

1978/80

Scuole di Broni

cappella Marchesi

Seite 1 mit Angabe der im Folgenden skizzierten Projekte »Scuola di Broni« und »Capella Marchesi«, 1978/80

3   Perspektivische Ansicht der Vorhalle der
    »cappella Marchesi«, fünf Entwurfsskizzen
    zum Abschluss des Giebels
    Kolorierte Filzstift-Skizzen

5   Perspektivische Skizze zur Vorhalle der
    Cappella Marchesi, vier Entwurfsskizzen zum
    Abschluss des Giebels
    Filzstift-Skizzen

7   Aufriss und perspektivische Ansicht der
    Reihenhäuser in Mozzo/Bergamo
    Filzstift-Skizzen

9   Zwei perspektivische Ansichtsvarianten der
    Schule in Broni mit eingezeichnetem Gesicht
    und Grundriss-Skizze
    Filzstift-Skizzen

11 Zwei perspektivische Ansichten von der
    Vorhalle der Cappella Marchesi auf das
    Kruzifix im Hauptraum
    Kolorierte Filzstift-/Buntstift-Skizzen

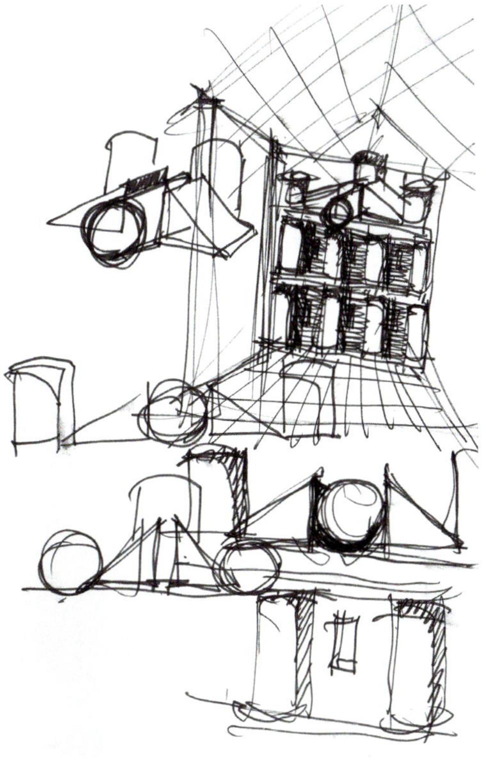

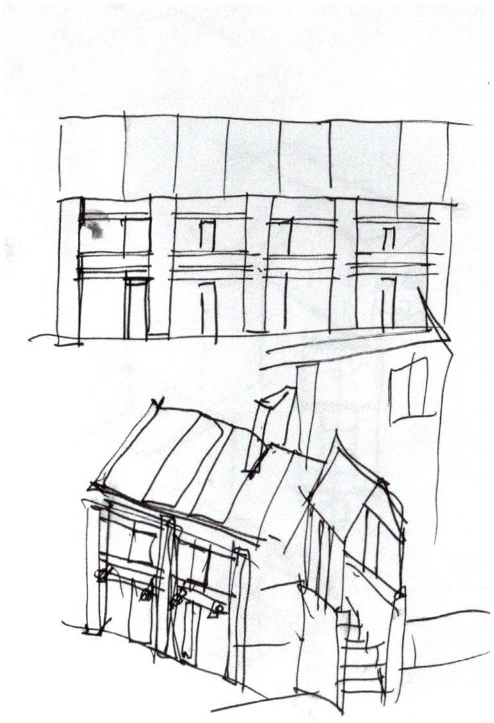

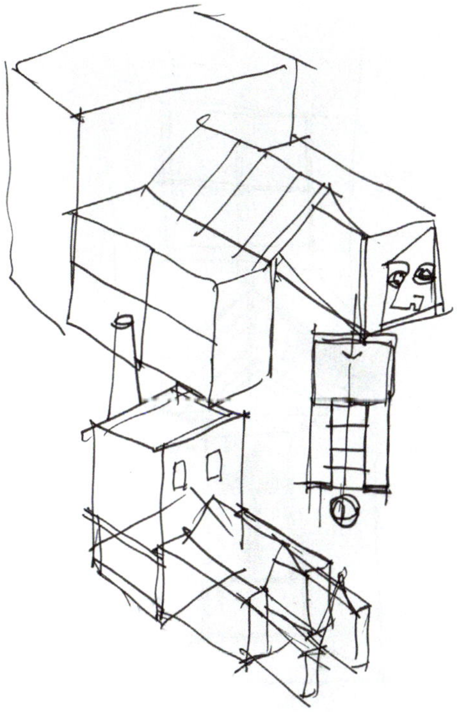

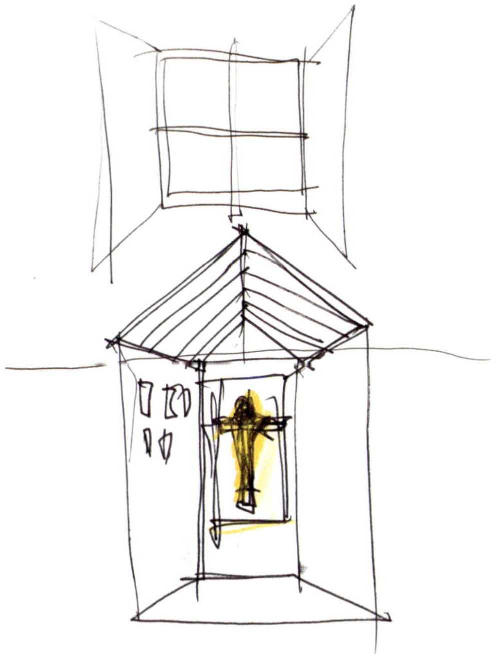

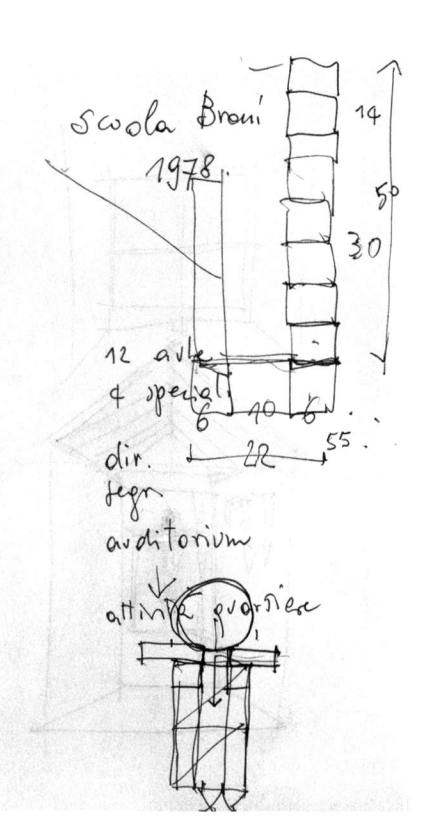

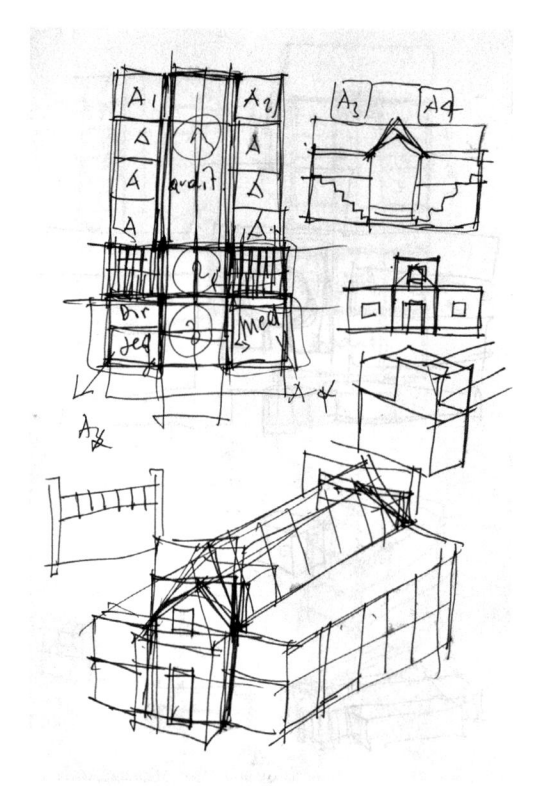

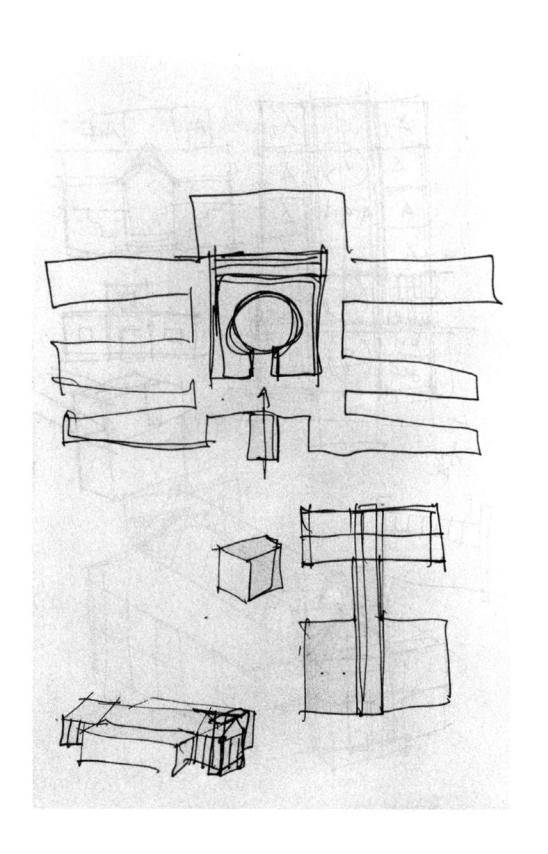

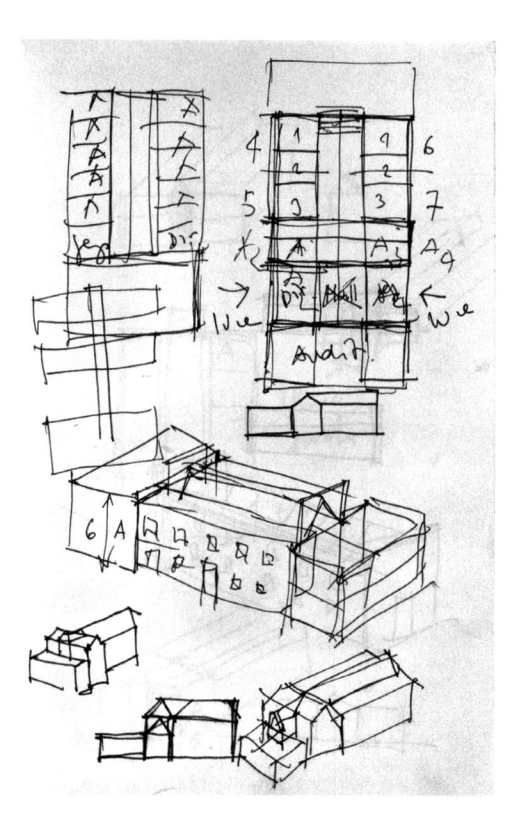

Scuola Broni
1978.

12 aule
4 speciali
dir.
segr.
auditorium
attività quartiere

12 Studienblatt zur Schule in Broni mit einer Auflistung der benötigten Räume, »scuola Broni 1978.«, »12 aule, 4 speciali, dir., segr., auditorium, attivita quartiere« Zwei Filzstift-Skizzen

13 Entwurfsvarianten zur Schule in Broni mit Grundriss, Schnitt, Aufriss, perspektivischer Ansicht und Details
Filzstift-Skizzen

14 Grundriss-Skizze zur Grundschule in Fagnano Olona und Entwurfsvarianten zur Schule in Broni
Filzstift-Skizzen

15 Entwurfsstudien zur Schule in Broni: drei Grundrisse, perspektivische Ansicht und Details
Filzstift-Skizzen

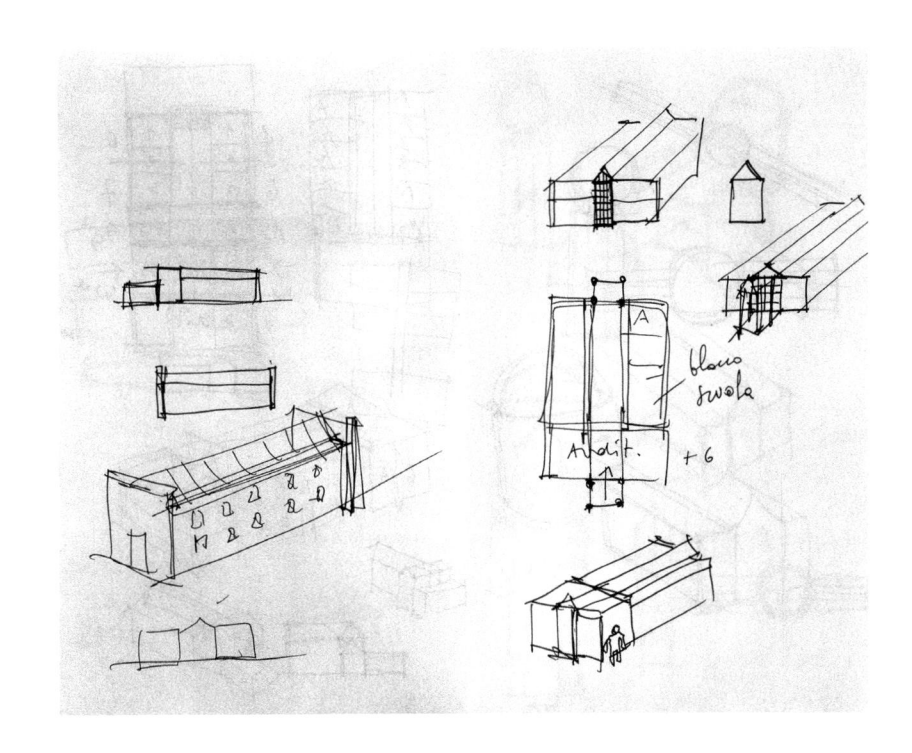

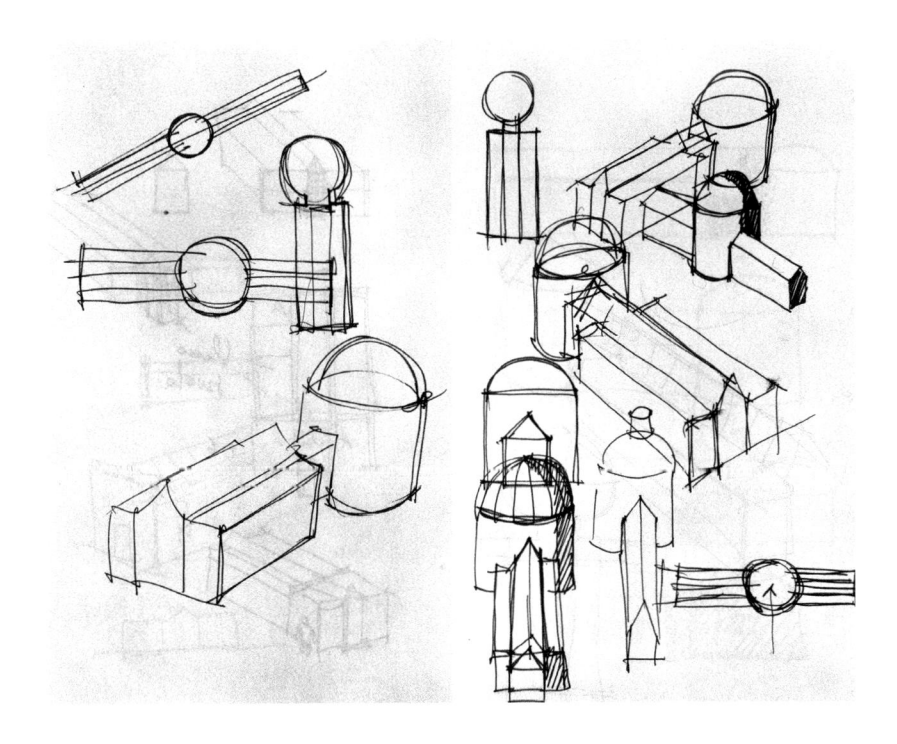

16/17 Entwurfsstudien zur Schule in Broni
Filzstift-Skizzen

18/19 Entwurfsstudien zur Schule in Broni
Filzstift-Skizzen

20/21   Entwurfsstudien zur Schule
        in Broni
        Filzstift-Skizzen

23   Entwurfsvariante zur Schule
        in Broni in perspektivischer
        Ansicht, Aufriss und Grundriss
        Kolorierte Filzstift-/Buntstift-
        Skizzen

27   Innenraumperspektive mit Tisch
        und Hängelampe
        Filzstift-Skizze

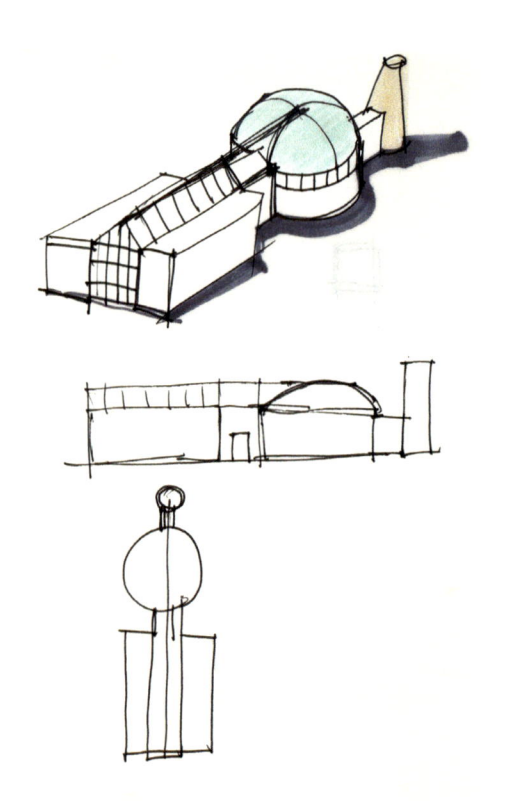

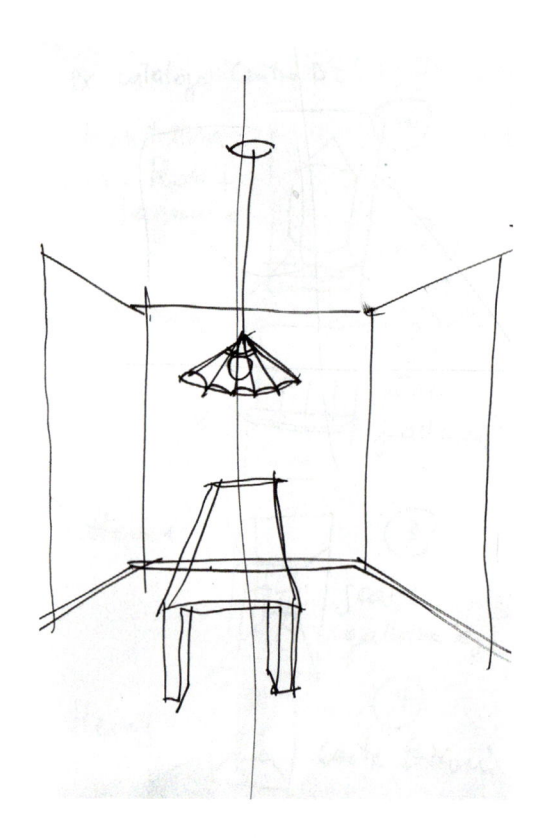

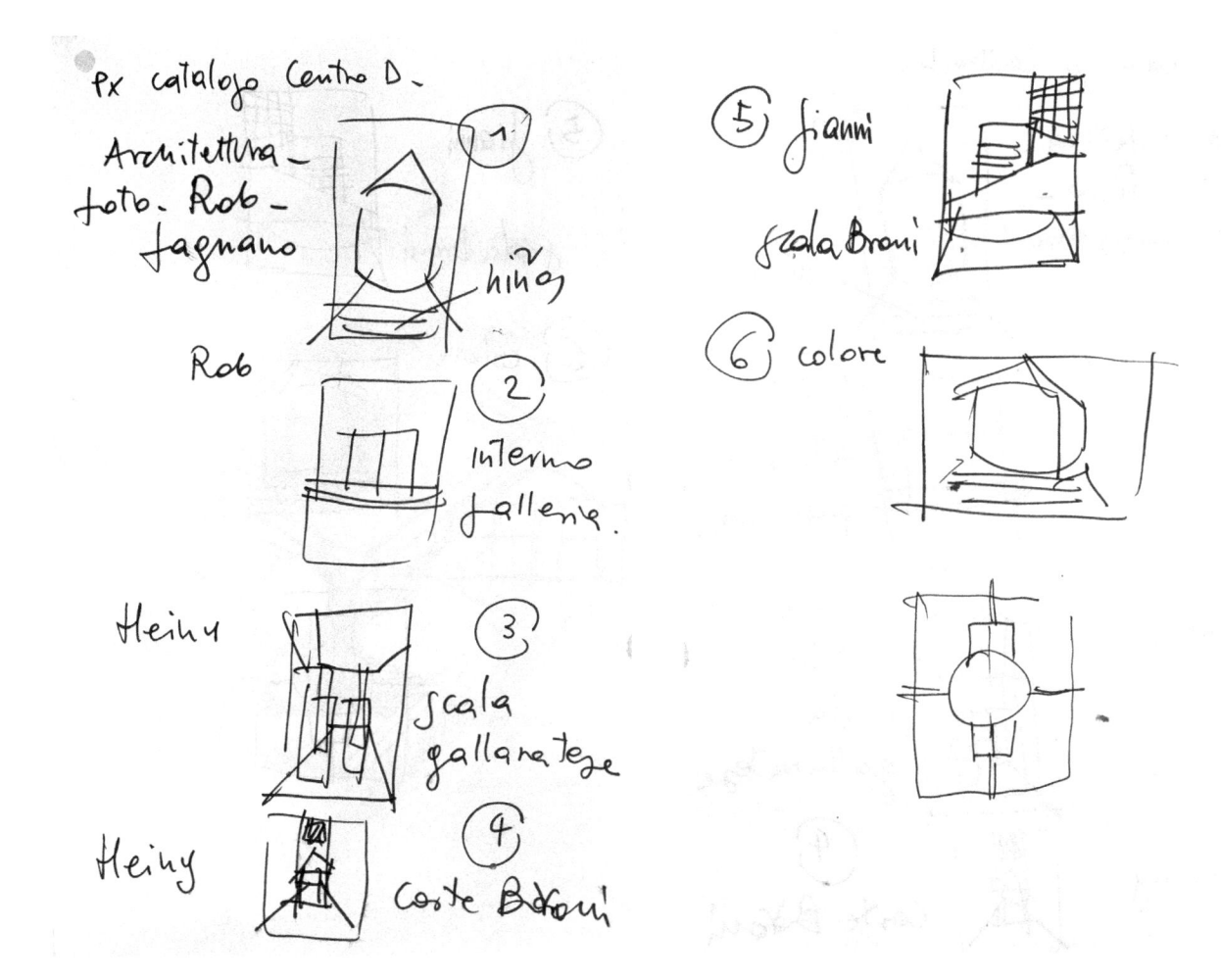

29 Vier Projektskizzen,
    »P x catalogo Centro D.«, »1 Architettura-foto-Rob-fagnano«,
    »2 Rob interno galleria.«, »3 Heiny scala gallaratese«,
    »4 Heiny corte Broni«
    Filzstift-Skizzen

30 Drei Projektskizzen,
    »5 Gianni scala Broni«, »6 colore«
    Filzstift-Skizzen

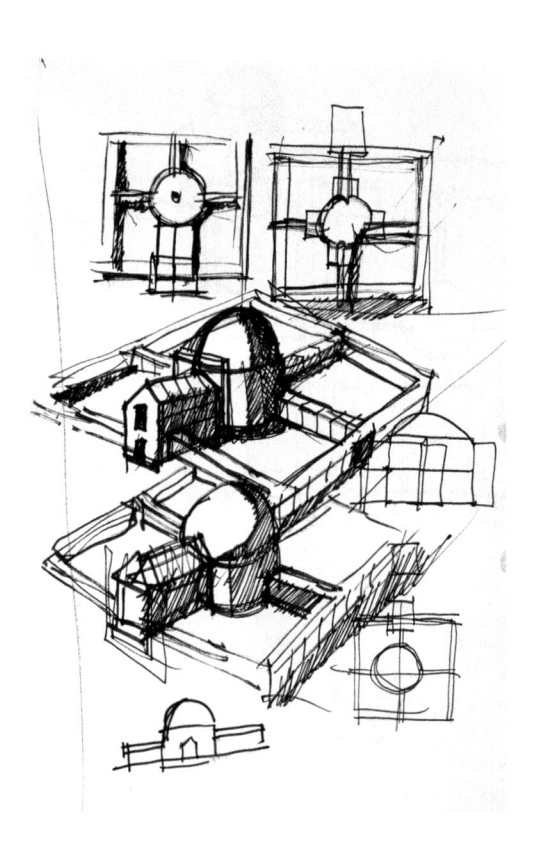

31   Zwei Dachaufsichten der Schule in
     Broni, zwei perspektivische Ansichten,
     zwei Aufrisse, ein Grundriss
     Filzstift-/Kugelschreiber-Skizzen

33   Perspektivisches Detail, zwei
     Grundriss-Skizzen und Ansicht aus
     Vogelperspektive der Schule in Broni
     Filzstift-Skizzen

35   Zwei perspektivische Ansichten und
     Aufriss-Studie der Reihenhäuser in
     Mozzo/Bergamo, »case Bergamo.«
     Filzstift-Skizzen

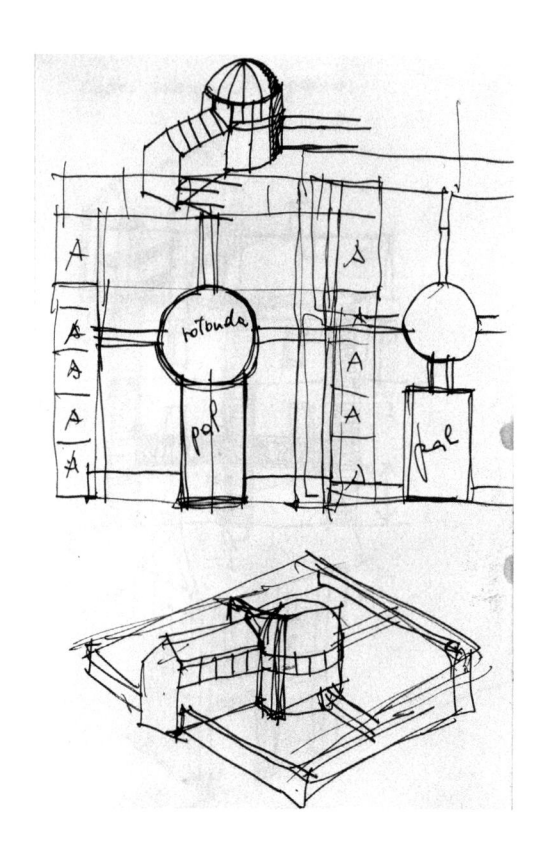

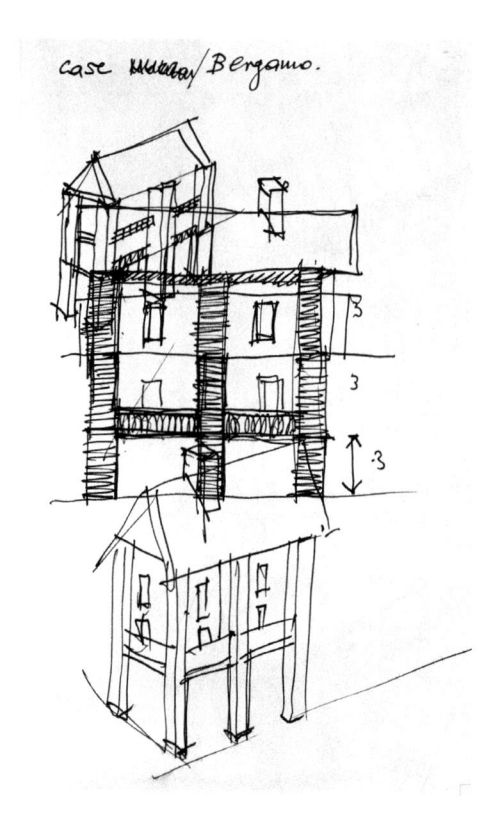

37   Reihenhäuser in Pegognaga bei Mantua: Schnitt mit Maßfiguren, drei perspektivische Ansichten und drei Grundriss-Skizzen, »Mantova 79 AR«
Kolorierte Filzstift-/Kugelschreiber-Skizzen

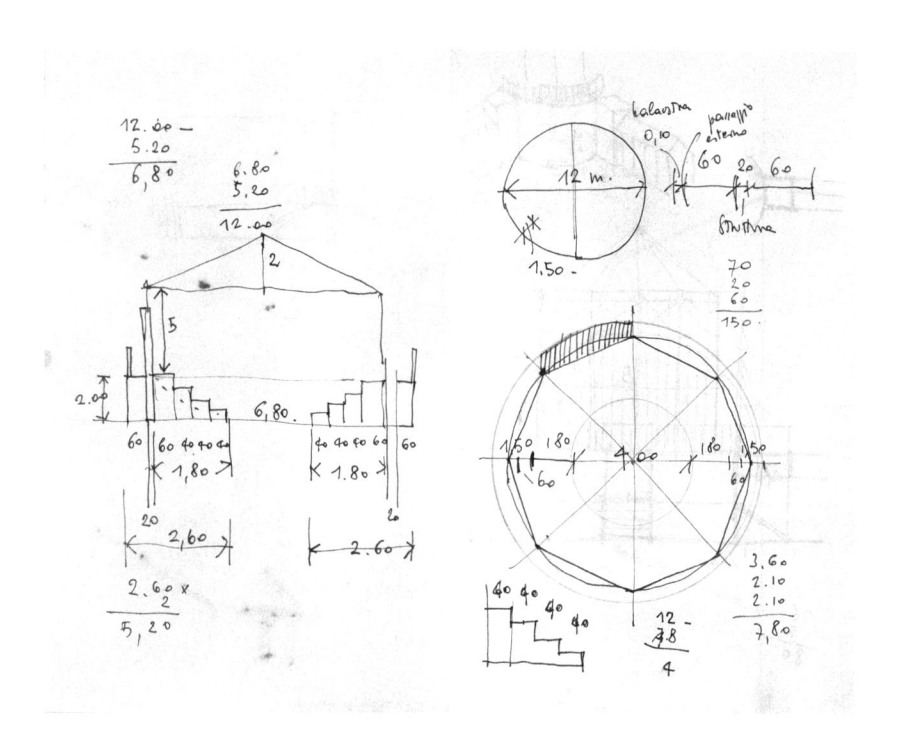

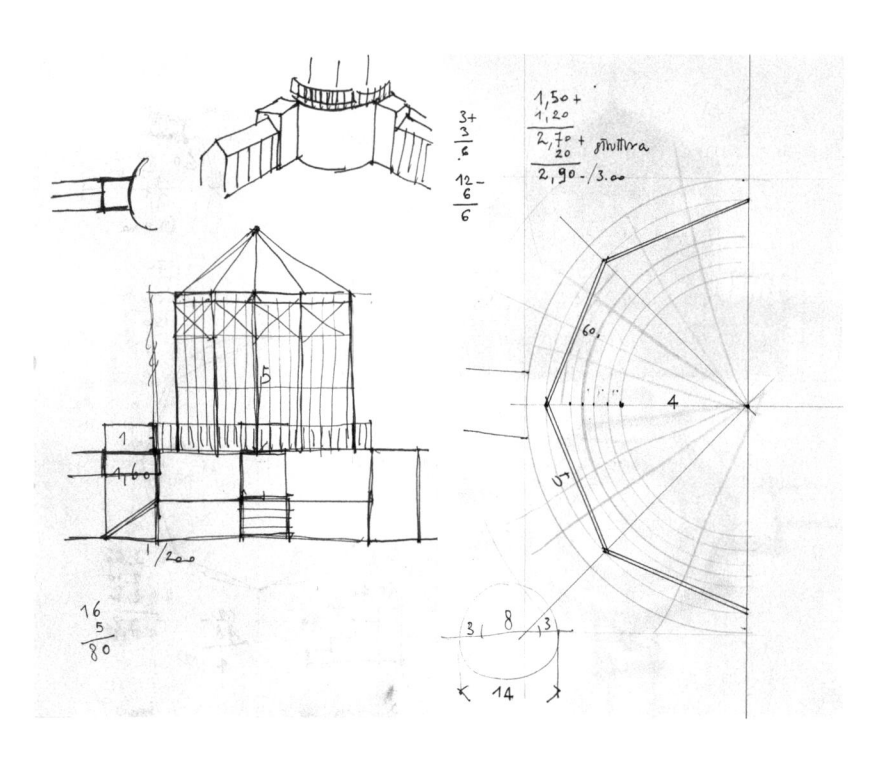

40/41 Schnitt und Grundriss der Rotunde der Schule in Broni mit Maßangaben und Berechnungen, »balaestra; passaggio esterno, struttura«
Bleistift-/Filzstift-Skizzen

42/43 *Seite 42*: Grundrissdetail, perspektivische Ansicht und Aufriss zum Anschluss von Rotunde und Verbindungsgängen zur Schule in Broni
Filzstift-Skizzen
Seite 43: Grundriss der Rotunde der Schule in Broni mit Maßangaben
Bleistift-/Filzstift-Skizze

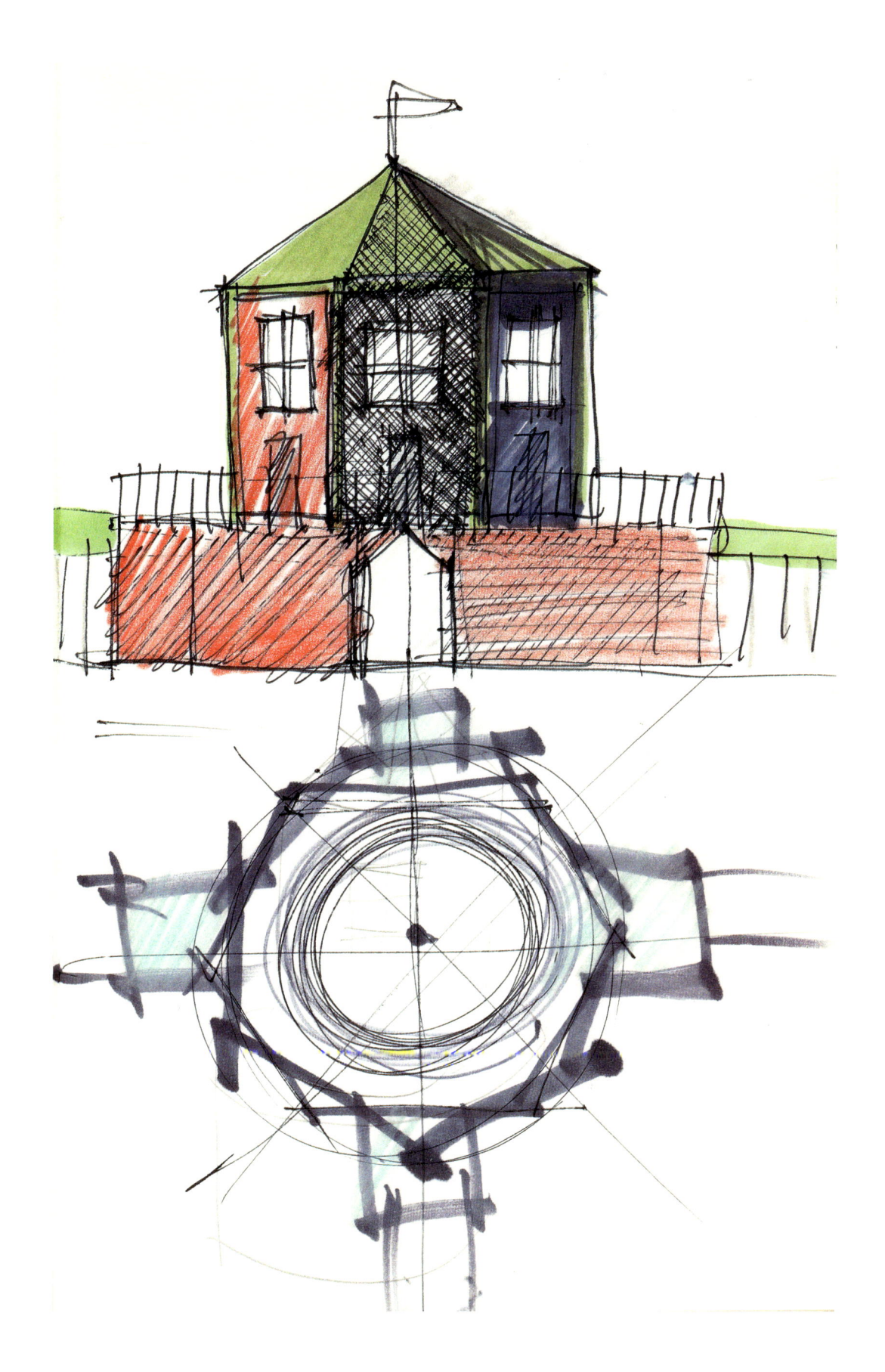

45 Aufriss- und Grundriss-Skizze der Rotunde der Schule in Broni
Kolorierte Filzstift-/Kugelschreiber-/Bleistift-/Buntstift-Skizzen

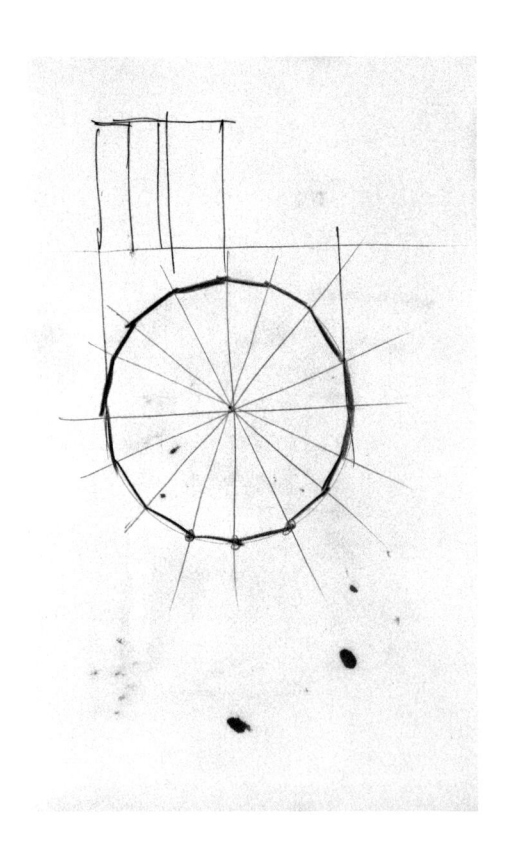

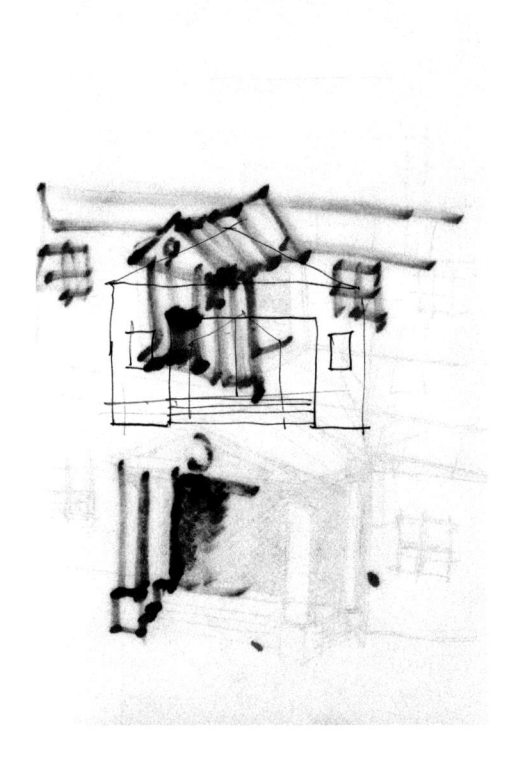

47   Grundriss-Skizze
     Kolorierte Bleistift-/Buntstift-/Filzstift-Skizze

49   Aufriss-Skizze zum Hauptportal der Schule in Broni
     Filzstift-Skizze

50 Grundrissdetail und zwei perspektivische Entwurfsstudien für das Hauptportal der Schule in Broni
Kolorierte Filzstift-/Bleistift-Skizzen

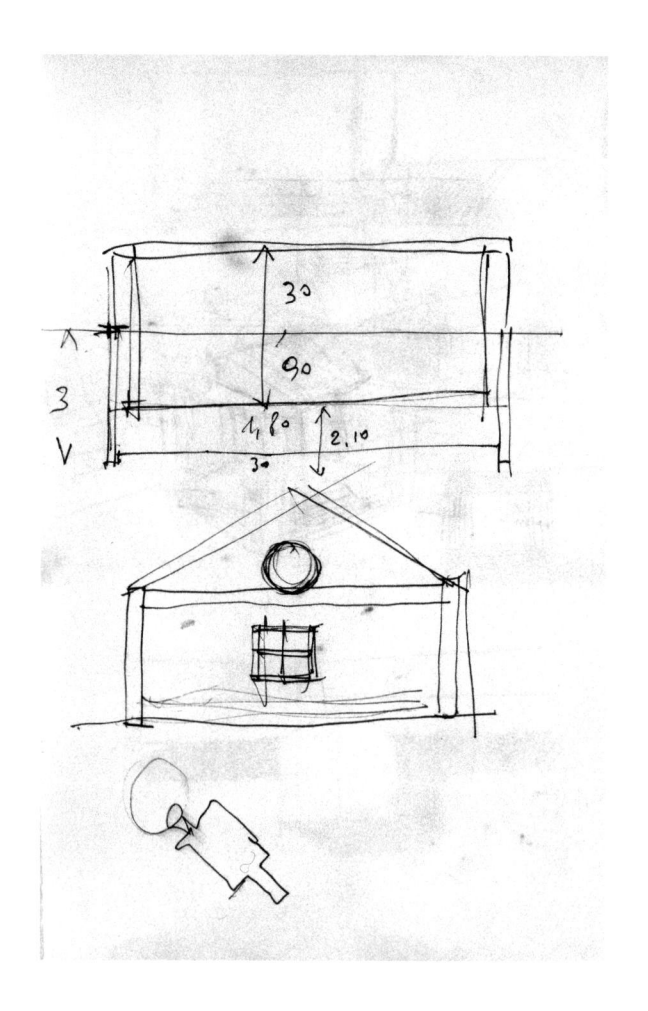

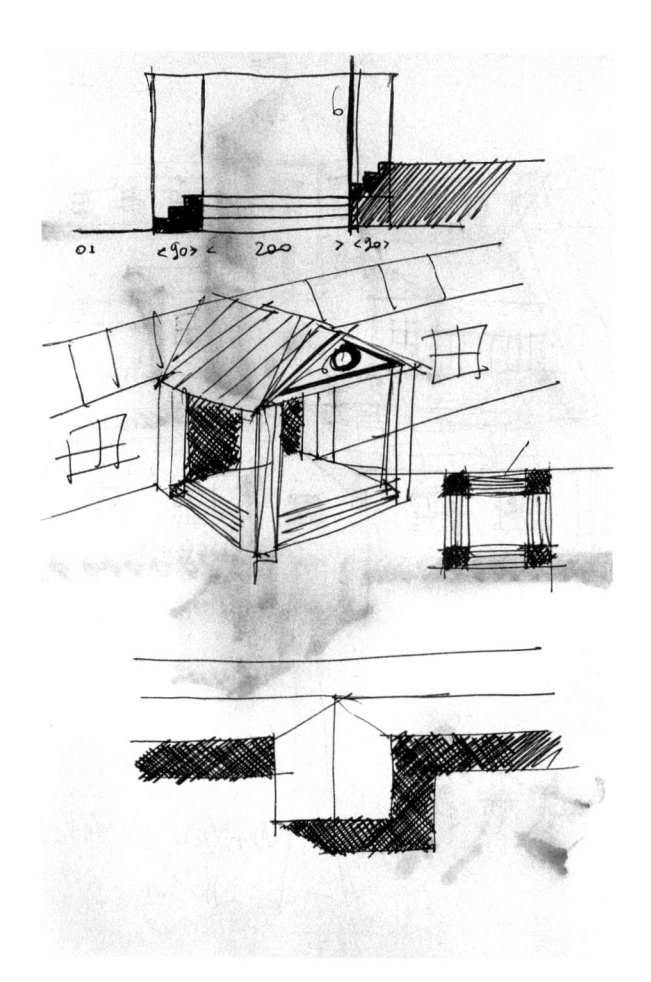

51   Drei Entwurfsstudien zur Schule in Broni
     Filzstift-Skizzen

53   Verschiedene Darstellungen der Anbindung des Portals
     an den Eingangsflügel der Schule in Broni: Längsschnitt,
     perspektivische Ansicht, Grundrissdetail und Dachaufsicht
     Filzstift-Skizzen

54   Die Gesamtanlage der Schule in Broni aus der Vogelperspektive,
»der Weg zur Schule« (übermalt), »der Weg zur Schule AR giugno 79«
Kolorierte Filzstift-/Buntstift-Skizze

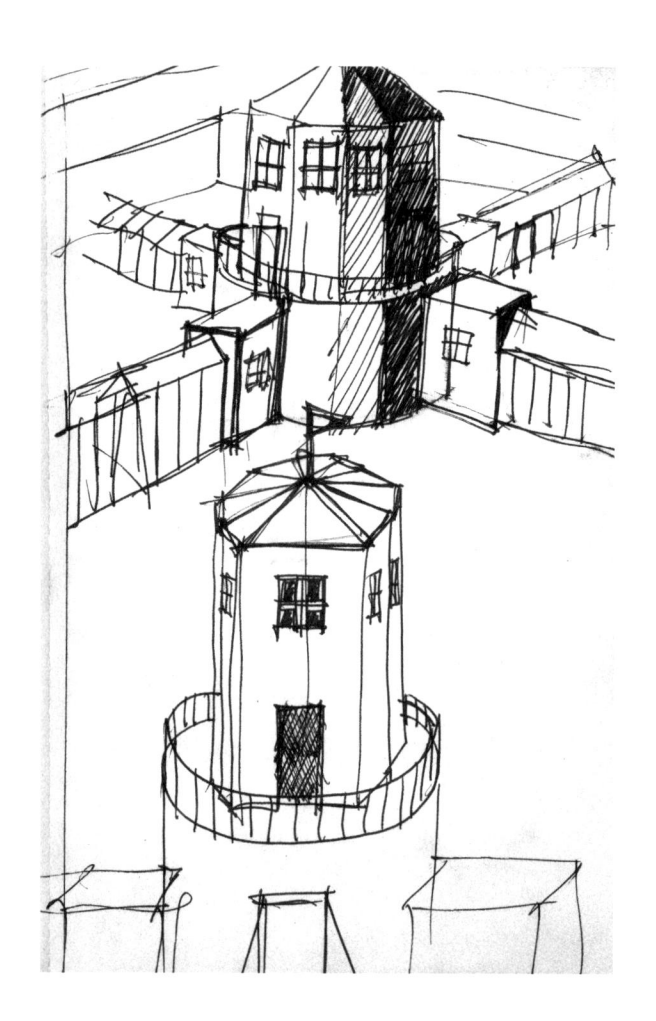

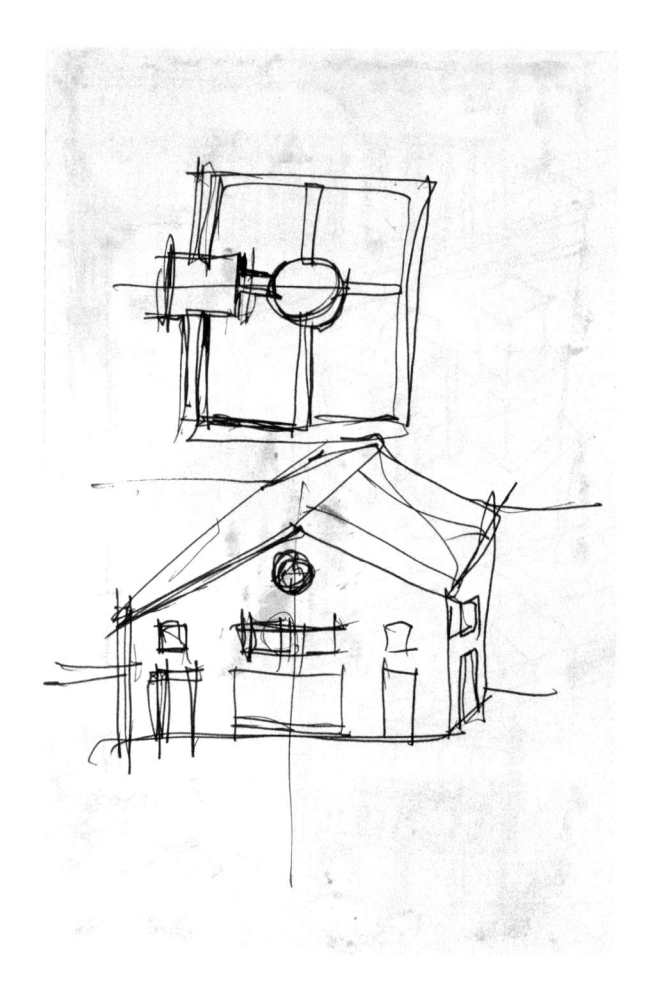

55 Zwei perspektivische Ansichten der Rotunde
und der Verbindungstrakte der Schule in Broni
Filzstift-Skizzen

57 Grundriss-Studie der Gesamtanlage und
perspektivische Ansicht des Hauptportals der Schule in Broni
Filzstift-Skizzen

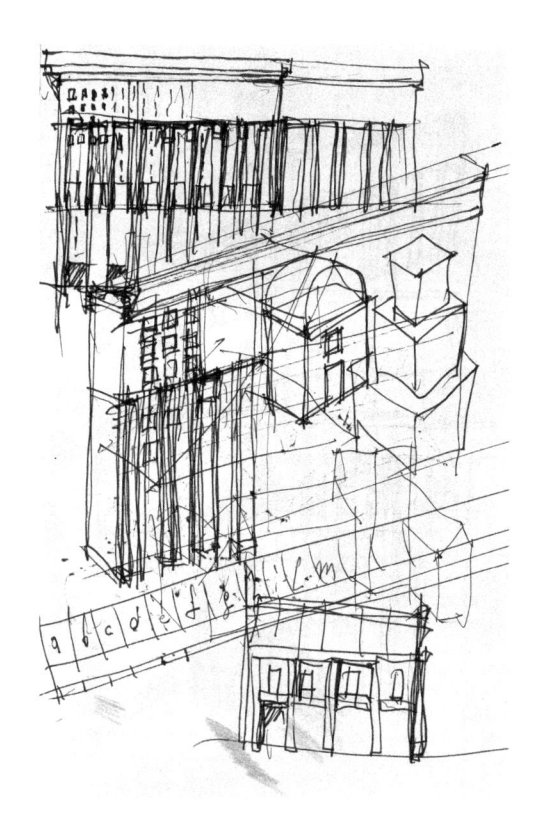

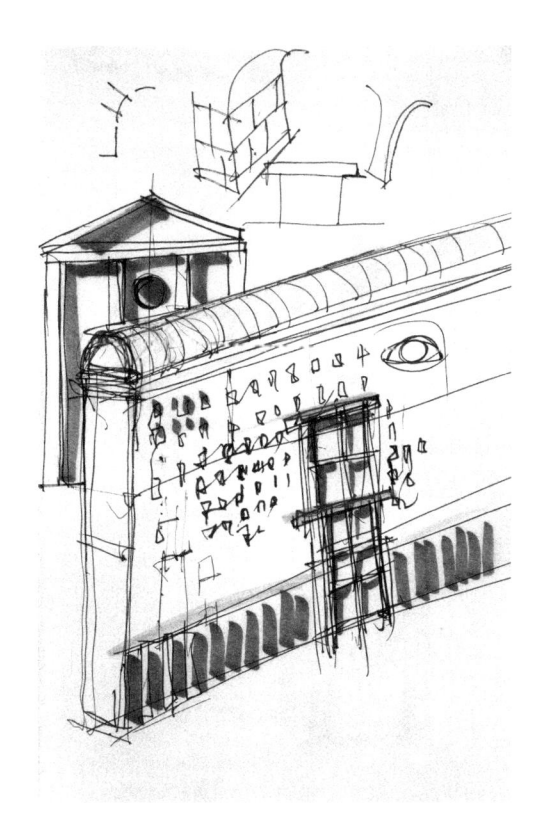

59 Gebäudestudien
   Filzstift-Skizzen

61 Gebäudestudien
   Filzstift-Skizzen

63 Gebäudestudien
   Kolorierte Filzstift-/Buntstift-Skizzen

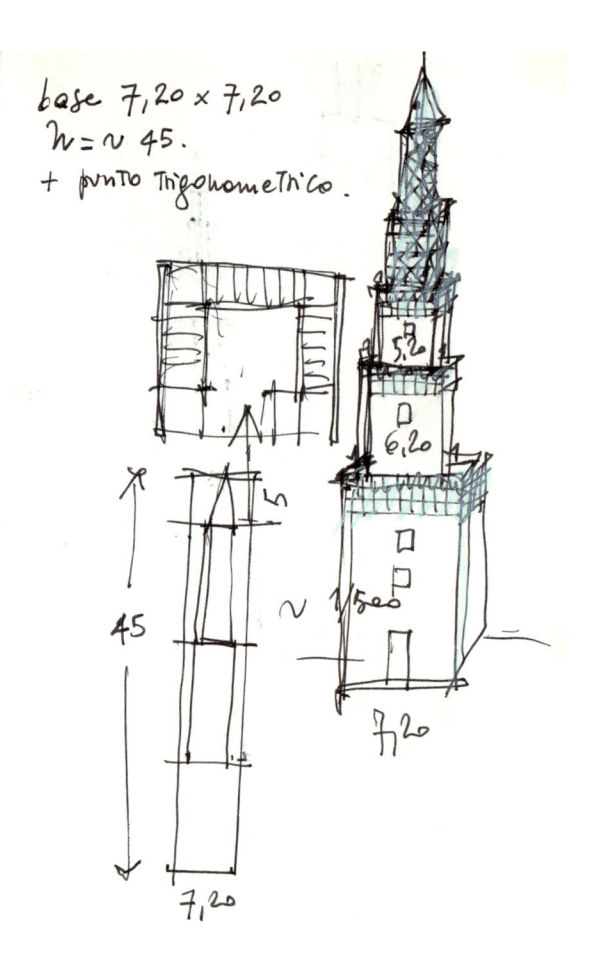

65 Entwurfsstudien zum Turm für das neue Gemeindezentrum in Pesaro,
drei perspektivische Ansichten, ein Aufriss,
»Torre Pesaro. 79«
Filzstift-/Buntstift-Skizze auf Briefumschlag-Rückseite, eingeklebt

67 Entwurfsstudien zum Turm für das neue Gemeindezentrum
in Pesaro, perspektivische Ansicht, Grundriss und Schnitt mit
Maßangaben,
»base 7,20 x 7,20 m=~45. + punto trigonometrico.«
Kolorierte Filzstift-Skizze

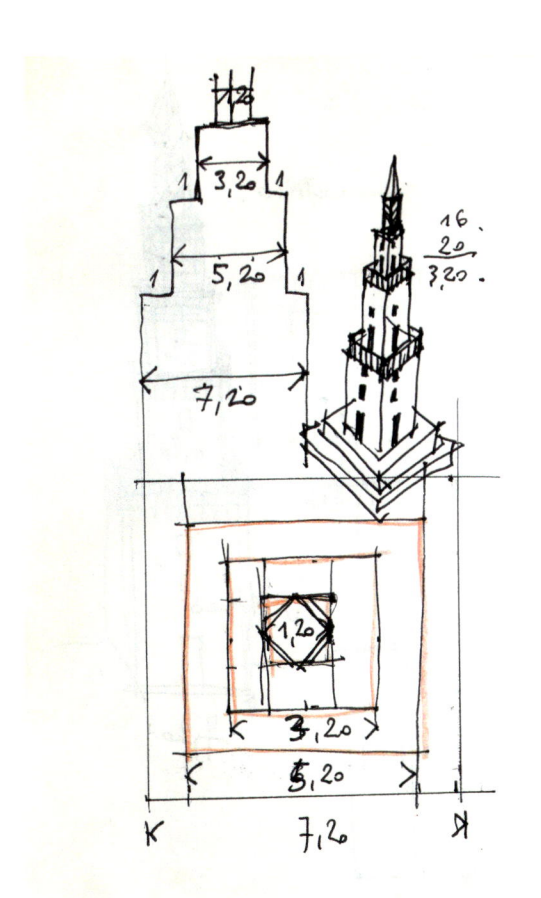

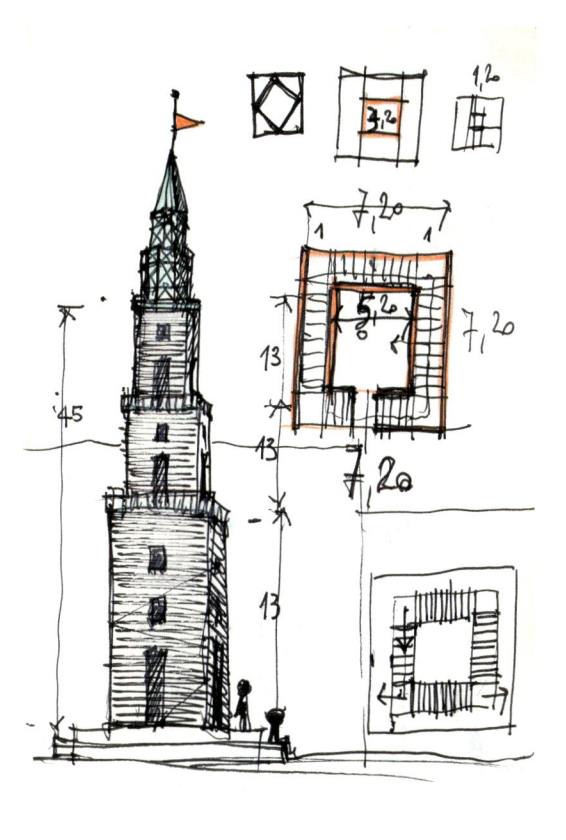

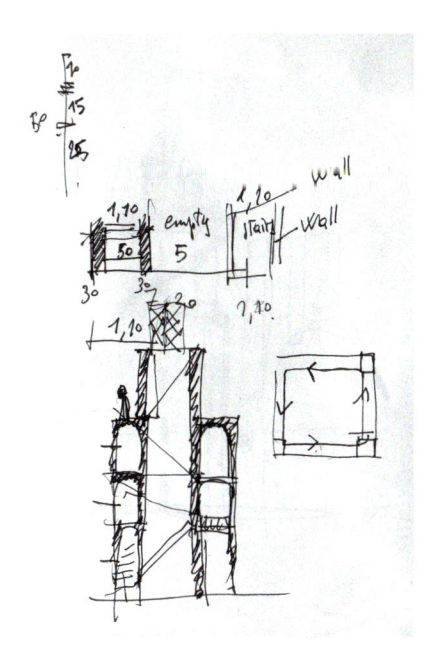

68/69 Entwurfsstudien zum Turm
für das neue Gemeindezentrum in Pesaro
Kolorierte Filzstift-/Buntstift-Skizzen

71 Entwurfsstudien zum Turm
für das neue Gemeindezentrum in Pesaro
Filzstift-Skizzen

73 Perspektivische Ansicht des Turms
für das neue Gemeindezentrum in Pesaro
Kolorierte Filzstift-/Buntstift-Skizze

75 Die Gesamtanlage der Schule in Broni
    aus der Vogelperspektive
    Kolorierte Filzstift-/Buntstift-Skizze

77 Blick aus der Vogelperspektive auf die zentrale
    Mittelachse der Schule in Broni
    Kolorierte Bleistift-/Filzstift-/Buntstift-Skizze

79 Gebäudestudie zur Schule in Broni
Filzstift-Skizze

Skizzenbuch II (1978–1980)

Gebunden in schwarzem Kunstleder, goldgeprägter Aufdruck:
»DALER SKETCH BOOK«
21,6 x 15,7 x 1,8 cm
Inventar 216.013.001

Das Skizzenbuch II ist nicht paginiert. Zur besseren Übersichtlichkeit wurden die Seiten durchgehend nummeriert.

Deckblatt

Mehrere herausgetrennte Blätter.

1   Projekttitel »1978/80«, »Scuola di Broni«, »cappella Marchesi«

2   Freie Seite

3   Perspektivische Ansicht der Vorhalle der »cappella Marchesi«, fünf Entwurfsskizzen zum Abschluss des Giebels
Kolorierte Filzstift-Skizzen

4   Freie Seite

5   Perspektivische Skizze zur Vorhalle der Cappella Marchesi, vier Entwurfsskizzen zum Abschluss des Giebels
Filzstift-Skizzen

6   Freie Seite

7   Aufriss und perspektivische Ansicht der Reihenhäuser in Mozzo/Bergamo
Filzstift-Skizzen

8   Freie Seite

9   Zwei perspektivische Ansichtsvarianten der Schule in Broni mit eingezeichnetem Gesicht und Grundriss-Skizze
Filzstift-Skizzen

10   Freie Seite

Ein herausgetrenntes Blatt.

11   Zwei perspektivische Ansichten von der Vorhalle der Cappella Marchesi auf das Kruzifix im Hauptraum
Kolorierte Filzstift-/Buntstift-Skizzen

12   Studienblatt zur Schule in Broni mit einer Auflistung der benötigten Räume, »scuola Broni 1978.«, »12 aule, 4 speciali, dir., segr., auditorium, attivita quartiere«
Zwei Filzstift-Skizzen

Zwei herausgetrennte Blätter.

13   Entwurfsvarianten zur Schule in Broni mit Grundriss, Schnitt, Aufriss, perspektivischer Ansicht und Details
Filzstift-Skizzen

14   Grundriss-Skizze zur Grundschule in Fagnano Olona und Entwurfsvarianten zur Schule in Broni
Filzstift-Skizzen

15   Entwurfsstudien zur Schule in Broni: drei Grundrisse, perspektivische Ansicht und Details
Filzstift-Skizzen

16/17   Entwurfsstudien zur Schule in Broni
Filzstift-Skizzen

18/19   Entwurfsstudien zur Schule in Broni
Filzstift-Skizzen

20/21   Entwurfsstudien zur Schule in Broni
Filzstift-Skizzen

22   Freie Seite

23   Entwurfsvariante zur Schule in Broni in perspektivischer Ansicht, Aufriss und Grundriss
Kolorierte Filzstift-/Buntstift-Skizzen

24   Seite mit Strich-Fragment
Filzstift

Drei herausgetrennte Blätter.

25   Perspektivisches Strich-Fragment
Filzstift-Skizze

26   Freie Seite

27   Innenraumperspektive mit Tisch und Hängelampe
Filzstift-Skizze

28   Seite mit Strich-Fragment
Filzstift

Drei herausgetrennte Blätter.

29   Vier Projektskizzen,
»P x catalogo Centro D.«, »1 Architettura-foto-Rob-fagnano«, »2 Rob interno galleria.«, »3 Heiny scala gallaratese«, »4 Heiny corte Broni«
Filzstift-Skizzen

30   Drei Projektskizzen,
»5 Gianni scala Broni«, »6 colore«
Filzstift-Skizzen

Ein herausgetrenntes Blatt.

31 Zwei Dachaufsichten der Schule in Broni, zwei perspektivische Ansichten, zwei Aufrisse, ein Grundriss
Filzstift-/Kugelschreiber-Skizzen

32 Freie Seite

33 Perspektivisches Detail, zwei Grundriss-Skizzen und Ansicht aus Vogelperspektive der Schule in Broni
Filzstift-Skizzen

34 Freie Seite

35 Zwei perspektivische Ansichten und Aufriss-Studie der Reihenhäuser in Mozzo/Bergamo, »case Bergamo.«
Filzstift-Skizzen

36 Seite mit zwei Strich-Fragmenten
Filzstift

37 Reihenhäuser in Pegognaga bei Mantua: Schnitt mit Maßfiguren, drei perspektivische Ansichten und drei Grundriss-Skizzen, »Mantova 79 AR«
Kolorierte Filzstift-/Kugelschreiber-Skizzen

38 Freie Seite

Ein herausgetrenntes Blatt.

39 Seite mit Strich-Fragment, Schnitt der Rotunde der Schule in Broni
Filzstift

40/41 Schnitt und Grundriss der Rotunde der Schule in Broni mit Maßangaben und Berechnungen,
»balaestra; passaggio esterno, struttura«
Bleistift-/Filzstift-Skizzen

42/43 *Seite 42*: Grundrissdetail, perspektivische Ansicht und Aufriss zum Anschluss von Rotunde und Verbindungsgängen zur Schule in Broni
Filzstift-Skizzen
Seite 43: Grundriss der Rotunde der Schule in Broni mit Maßangaben
Bleistift-/Filzstift-Skizze

44 Freie Seite

45 Aufriss- und Grundriss-Skizze der Rotunde der Schule in Broni
Kolorierte Filzstift-/Kugelschreiber-/Bleistift-/Buntstift-Skizzen

46 Freie Seite

47 Grundriss-Skizze
Kolorierte Bleistift-/Buntstift-/Filzstift-Skizze

48 Freie Seite

Ein herausgetrenntes Blatt.

49 Aufriss-Skizze zum Hauptportal der Schule in Broni
Filzstift-Skizze

50 Grundrissdetail und zwei perspektivische Entwurfsstudien für das Hauptportal der Schule in Broni
Kolorierte Filzstift-/Bleistift-Skizzen

51 Drei Entwurfsstudien zur Schule in Broni
Filzstift-Skizzen

52 Freie Seite

53 Verschiedene Darstellungen der Anbindung des Portals an den Eingangsflügel der Schule in Broni: Längsschnitt, perspektivische Ansicht, Grundrissdetail und Dachaufsicht
Filzstift-Skizzen

54 Die Gesamtanlage der Schule in Broni aus der Vogelperspektive, »der Weg zur Schule« (übermalt), »der Weg zur Schule AR giugno 79«
Kolorierte Filzstift-/Buntstift-Skizze

55 Zwei perspektivische Ansichten der Rotunde und der Verbindungstrakte der Schule in Broni
Filzstift-Skizzen

56 Freie Seite

Zwei herausgetrennte Blätter.

57 Grundriss-Studie der Gesamtanlage und perspektivische Ansicht des Hauptportals der Schule in Broni
Filzstift-Skizzen

58 Freie Seite

59 Gebäudestudien
Filzstift-Skizzen

60 Freie Seite

61 Gebäudestudien
Filzstift-Skizzen

62 Freie Seite

63 Gebäudestudien
Kolorierte Filzstift-/Buntstift-Skizzen

64 Freie Seite

Zwei herausgetrennte Blätter.

65 Entwurfsstudien zum Turm für das neue Gemeindezentrum in Pesaro, drei perspektivische Ansichten, ein Aufriss,
»Torre Pesaro. 79«
Filzstift-/Buntstift-Skizze auf Briefumschlag-Rückseite, eingeklebt

66   Freie Seite

67   Entwurfsstudien zum Turm für das neue Gemeindezentrum in Pesaro, perspektivische Ansicht, Grundriss und Schnitt mit Maßangaben, »base 7,20 x 7,20 m=~45. + punto trigonometrico.«
Kolorierte Filzstift-Skizze

68/69   Entwurfsstudien zum Turm für das neue Gemeindezentrum in Pesaro
Kolorierte Filzstift-/Buntstift-Skizzen

70   Zwei Strich-Fragmente
Filzstift

71   Entwurfsstudien zum Turm für das neue Gemeindezentrum in Pesaro
Filzstift-Skizzen

72   Freie Seite

73   Perspektivische Ansicht des Turms für das neue Gemeindezentrum in Pesaro
Kolorierte Filzstift-/Buntstift-Skizze

74   Freie Seite

75   Die Gesamtanlage der Schule in Broni aus der Vogelperspektive
Kolorierte Filzstift-/Buntstift-Skizze

76   Freie Seite

77   Blick aus der Vogelperspektive auf die zentrale Mittelachse der Schule in Broni
Kolorierte Bleistift-/Filzstift-/Buntstift-Skizze

78   Freie Seite

79   Gebäudestudie zur Schule in Broni
Filzstift-Skizze

Es folgen 15 leere Blätter.

Exponatverzeichnis

Rathausplatz und Partisanen-Denkmal in Segrate (1965)
Perspektivische Ansicht der Gesamtanlage
Tusche und Spritztechnik auf Transparent,
mit collagierten Naturelementen
32 x 74,4 cm
Inventar 216-002-001

Skizze mit verschiedenen Ansichten des Partisanen-Denkmals
»Monumento di Segrate«
»AR 1978 Monumento di Segrate«
Tusche, Filzstift auf Papier
27,9 x 21,5 cm
Inventar 216-002-002

Ansichten und Schnitte des Partisanen-Denkmals
Aquatinta-Radierung
35,4 x 25,6 cm
Inventar 216-002-003

Aufsicht mit Schlagschattenbildung
Tusche, Spritztechnik auf Transparent
53,9 x 84,6 cm
Inventar 216-002-004

Modell des Partisanen-Denkmals 1:50
Kupfer patiniert und Stahlplatte
21 x 75 x 27 cm
Inventar 216-002-005

Wettbewerbsentwurf für das Rathaus in Scandicci (1968)

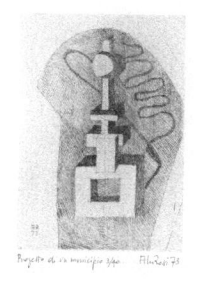

Aufsicht auf den Rathaus-Komplex mit
der Serpentine
nach einem Entwurf Schinkels
Radierung
36 x 25,5 cm
Inventar 216-014-002

Modell 1:150
Holz, Pappe, Gips, Metall, koloriert
11 x 88,3 x 52,5 cm
Inventar 216-018-001

Wohnblock im Quartier Gallaratese in Mailand (1969–1973)
Fassadenausschnitt der Laubengangseite
Tusche, Spritztechnik auf Transparent
44,9 x 49,6 cm
Inventar 216-003-001

Fassadenausschnitt der Laubengangseite mit quadratischen Metallgittern
Tusche, Spritztechnik auf Transparent
44,9 x 46,8 cm
Inventar 216-003-002

Entwurf, Gesamtansicht der Fassade und verschiedene Detailskizzen
Bleistift, Filzstift, Kugelschreiber auf Transparent
43,9 x 106 cm
Inventar 216-003-003

Entwurfsskizze mit Fassadenausschnitt und verschiedenen Details
Bleistift, Filzstift auf Transparent
47 x 78 cm
Inventar 216-003-004

Fassadenausschnitt mit verändertem Fenstertyp, Grundriss
und verschiedenen Detailskizzen
Bleistift, Kreide auf Transparent
54,5 x 78,6 cm
Inventar 216-003-005

Fassadenausschnitt der Laubengangseite
Tusche und Spritztechnik auf Transparent
51,1 x 100,8 cm
Inventar 216-003-006

Fassadenausschnitt der Laubengangseite
Filzstift, Bleistift auf Transparent
36 x 110,5 cm
Inventar 216-003-007

Friedhof San Cataldo in Modena (1971–1978)
Die stark schematisierte Ansicht des zentralen Mittelkörpers zeigt die
in Richtung Konus kontinuierlich höher werdenden Grabhäuser
Signatur »A.R.«
Bleistift auf Transparent
34 x 78,3 cm
Inventar 216-001-045

Perspektivische Aufsicht mit Schlagschatten
Signatur »AR GB«
Bleistift und Filzstift auf Transparent
77 x 81,5 cm
Inventar 216-001-059

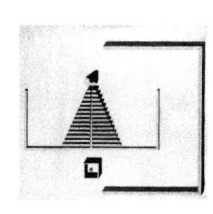

Entwurfsstudie mit verschiedenen Grundriss-Skizzen und Ansichten
Signatur »A.R.«
Bleistift, Ölkreide, Filzstift auf Transparent
77,8 x 112 cm
Inventar 216-001-067

Schnitt mit Lichteinfall und Grundriss des Kubus (Beinhaus)
Signatur »AR 71«
Filzstift, Bleistift, Tusche und Kreide auf Transparent
65,5 x 82,5 cm
Inventar 216-001-070

Perspektivische Aufsicht der Gesamtanlage mit angrenzendem jüdischen Friedhof und einem weiteren neoklassizistischen Friedhof daneben
Aquarell, Tusche, Spritztechnik auf Transparentpapier
68 x 124,5 cm
Inventar 216-001-072

Die stark schematisierte Ansicht des zentralen Mittelkörpers zeigt die in Richtung Konus kontinuierlich höher werdenden Grabhäuser
Signatur »GB« (Gianni Braghieri)
Bleistift auf Transparent
36,6 x 18 cm / 47 x 32,5 cm
Inventar 216-001-078/079

Studienblatt mit vier Grundrissen (o. l. Grundschule Fagnano Olona, o. r. Friedhof San Cataldo, unten zwei Varianten zu Fagnano Olona, daneben Fischskelett)
Tusche, Filzstift, Ölkreide auf Papier
54,7 x 46,3 cm
Inventar 216-001-082

Verschiedene Studien zum Friedhof von San Cataldo und zum angrenzenden jüdischen Friedhof
»AR 76«
Tusche auf der Rückseite eines Kalenderblattes
29,5 x 31 cm
Inventar 216-001-084

Kompositionsskizze mit Ansichten des Friedhofs und verschiedenen Objekten (Gläser, Löffel, Flasche, Uhr, Gesicht und Hand)
»Ricordi e Conversazioni AR 75«
Filzstift auf Papier
20,9 x 15 cm
Inventar 216-001-085

Verschiedene Studien zur Anlage des Portikus mit den Kolumbarien
»il portico di Modena. AR 77«
Filzstift auf Papier
29,5 x 21 cm
Inventar 216-001-091

Skizzen zum Portikus mit blauen Dächern
»il portico di Modena AR 77«
Filzstift auf Papier
29,5 x 21 cm
Inventar 216-001-093

Perspektivische Aufsicht des Beinhauses (Kubus), perspektivische Ansicht der zentralen Anlage vor städtischer und industrieller Architektur
»AR 76«
Mit Ölkreide überarbeitete Collage
35,5 x 25,5 cm
Inventar 216-001-094

Portikus und Konus vor städtischer und industrieller Architektur
»Il cimitero di Modena 1972 Aldo Rossi«
Ölkreide, Filzstift, Tusche auf Papier, Collage
41,9 x 29,7 cm
Inventar 216-001-095

Das so genannte Gänsespiel
Kombinierte Darstellung aus perspektivischer Aufsicht, Ansichten und Grundrissdetails
»G.B. 73« (Gianni Braghieri)
Mit Tusche, Ölkreide und farbigen Lasuren kolorierte Lichtpause
41,5 x 62 cm
Inventar 216-001-096

Aufsicht, Schnitt- und Grundrissdarstellungen der Grabanlage, des Beinhauses und des Konus mit Erläuterungen
Mit Farb- und Filzstift kolorierte Lichtpause, aquarelliert
83,7 x 113,5 cm
Inventar 216-001-097

Modell mit umlaufender doppelter Außenarkade 1:200
Holz, Gips, koloriert
15 x 105 x 66 cm
Inventar 216-001-111

Entwurf für das Rathaus von Muggiò (1972)
Modell 1:500
Holz, Gips, koloriert
14,5 x 47 x 47 cm
Inventar 216-019-001

Einfamilienhäuser in Broni bei Pavia (1972)

Aufrisse, Axonometrie und Grundrisse
Tusche und Spritztechnik auf Transparent
84,4 x 102,8 cm
Inventar 216-008-001

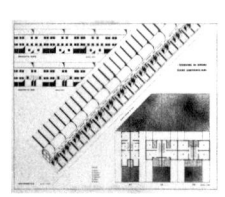

Modell 1:125
Kupferplatten und Stahl auf Holz
16 x 64,5 x 60 cm
Inventar 216-008-003

Grundschule in Fagnano Olona (1972)

Perspektivische Teilansicht der Anlage
Bleistift, Wasserfarbe, Ölkreide, Collage auf schwarzem Japanpapier
45,2 x 62,7 cm
Inventar 216-004-001

Ansicht von der Eingangsseite mit Schlagschatten
Ölkreide und Filzstift auf Transparentpapier
20,8 x 104 cm
Inventar 216-004-002

Ansicht der Gesamtanlage aus der Vogelperspektive
Bleistift, Tusche, Spritztechnik auf Transparent
64,5 x 116 cm
Inventar 216-004-003

Grundriss, Schnitt, Ansicht und Strukturzeichnung mit Maßangaben
»AR 72«
Bleistift, Filzstift auf Transparent
61 x 86,5 cm
Inventar 216-004-004

Entwurfsskizzen mit Grundrissvarianten, beidseitig
»Fagnano Olona Aldo Rossi«
Tusche, Bleistift auf Transparent
28 x 22 cm
Inventar 216-004-005

Perspektivische Ansicht und zwei Grundrisse
»Scuola di Fagnano Olona AR 74«
Filzstift, Kugelschreiber, Ölkreide,
Aquarell- und Wasserfarbe,
Tinte auf Packpapier
32,5 x 27,5 cm
Inventar 216-004-006

Studienblatt
»Fagnano Olona AR«
Bleistift, Tusche auf Papier
30 x 21 cm
Inventar 216-004-007

Studienblatt
»AR 72«
Bleistift, Filzstift auf Transparent
83 x 64,5 cm
Inventar 216-004-008

Entwurf für eine Villa und ein Pförtnerhaus in Borgo Ticino (1973)

Entwurfsvariante mit drei Flügeln: Ansicht aus Vogelperspektive
Signatur »AR«
Tusche, Kohle, Ölkreide auf Transparentpapier
62,5 x 78 cm
Inventar 216-009-001

Dachaufsicht
»AR«
Tusche, Spritztechnik auf Transparent
52 x 70,5 cm
Inventar 216-009-003

Perspektivische Ansicht der Entwurfsvariante mit drei Flügeln
»G.B.« (Gianni Braghieri)
Tusche und Filzstift auf Transparent
42 x 72,5 cm
Inventar 216-009-008

Zwei Ansichten der Entwurfsvariante mit drei Flügeln
»G.B.« (Gianni Braghieri)
Tusche und Filzstift auf Transparent
37 x 65 cm
Inventar 216-009-009

Schnitt
Tusche, Bleistift, Ölkreide und Filzstift auf Papier
14,7 x 36,2 cm
Inventar 216-009-010

Ansichtsvarianten des Pförtnerhauses
»G.B.« (Gianni Braghieri)
Tusche und Aquarell auf Transparent
34,5 x 56,8 cm
Inventar 216-009-011

Schnitt und zwei Teilansichten
»GB« (Gianni Braghieri)
Tusche, Bleistift, Filzstift auf Transparent
30 x 56,5 cm
Inventar 216-009-012

Ansichten und Skizzen
»GB«
Tusche, Filzstift und Bleistift auf Transparent
44,5 x 52 cm
Inventar 216-009-013

Ansicht und Schnitte mit Maßfiguren
»AR«
Bleistift, Filzstift auf Transparent
30 x 55 cm
Inventar 216-009-015

Ansicht des Hauptflügels
»AR«
Bleistift, Filzstift auf Transparent
12,5 x 64 cm
Inventar 216-009-016

Grundriss
Tusche auf Transparent
66 x 83,5 cm
Inventar 216-009-037

Entwurfsskizzen
Inventar 216-009-042

42.1 Ansicht des Hauptflügels
»AR«
Bleistift auf Transparent
30 x 57 cm

42.2 Grundriss-Studien und Schnitte
»AR«
Bleistift auf Transparent
41 x 78 cm

42.3 Schnitt und Skizzen
Bleistift, Filzstift und Tusche auf Transparent
51 x 78 cm

42.4 Studien zum Hauptflügel mit Varianten
der Stützenanordnung
»AR«
Bleistift auf Transparent
17,5 x 64 cm

Villa in Borgo Ticino, Pavia (1973)
Modell 1 : 100
Holz koloriert
23 x 90 x 60 cm
Inventar 216-009-043

Entwurf für den Sitz der Regionalverwaltung in Triest (1974)

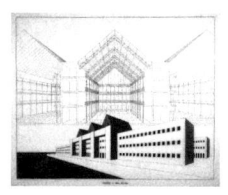

Schnitt und perspektivische Ansicht
»Trieste e una donna«
Tusche und Spritztechnik auf Transparent
86,5 x 115,9 cm
Inventar 216-005-001

Entwurfsvariante mit Kuppelmotiv
»Aldo Rossi Trieste e una donna«
Bleistift, Tusche auf Transparent, mit Filzstift beidseitig koloriert
29,1 x 72,2 cm
Inventar 216-005-004

Entwurf für ein Studentenwohnheim in Triest (1974)
Perspektive
»Motto La calda vita«
Tusche auf Transparent
77,5 x 137 cm
Inventar 216-006-001

Perspektivische Ansicht und Schnitt
Tusche auf Transparent
83,5 x 155,5 cm
Inventar 216-006-002

Entwurf für ein Studentenwohnheim in Chieti (1976)
Perspektivische Ansicht des Gemeinschaftsgebäudes
mit angrenzenden Studentenhäusern
»Aldo Rossi 1977«
Tusche, Ölkreide auf gelb grundiertem Papier
69,9 x 69,2 cm
Inventar 216-011-001

Modell 1 : 150
Holz, Pappe, Metall, Acrylglas
12 x 90 x 84 cm
Inventar 216-011-002

Schule in Broni (1979)
Lageplan
Lichtpause
90,3 x 86 cm
Inventar 216-007-005

Schnitte und Ansichten
Tusche auf Transparent
87,5 x 111 cm
Inventar 216-007-015

Modell
Holz koloriert, Kunststoff, Metall
18,2 x 80,4 x 80,2 cm
Inventar 216-007-018

Wohn- und Geschäftshäuser an der Wilhelmstraße 36–38/ Kochstraße 1–4, Internationale Bauausstellung, Berlin 1981

Modell
Holz, Furnier, Metall, Kunststoff, koloriert
34,5 x 75 x 75 cm
Inventar 216-020-001

Entwurf für einen Aussichtsturm mit Pavillon im Garten der Villa Alessi, Ortosa (1986)

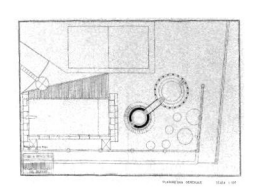

Lageplan
Tusche auf Papier
30 x 42 cm
Inventar 216-015-001

Ansicht, Schnitt, Dachaufsicht und Grundriss
Tusche auf Papier
45,4 x 56,5 cm
Inventar 216-015-002

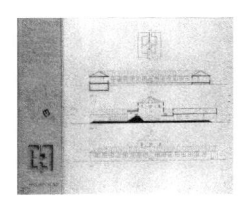

Kompositionen zur Architektur
»Architettura domestica 5/40«
»Aldo Rossi 74«
Radierung
36 x 26 cm
Inventar 216-014-001

»Composizione urbana con monumento 5/40«
»Aldo Rossi 73«
Radierung
51,5 x 36 cm
Inventar 216-014-003

»Costruzioni azzurre prova d'artista«
»Aldo Rossi 81«
Radierung
50 x 35 cm
Inventar 216-014-005

»Composizione urbana 3/40«
»Aldo Rossi 73«
Radierung
36 x 25,5 cm
Inventar 216-014-006

»La grande torre 6/40«
»74 Aldo Rossi«
Radierung
26 x 36 cm
Inventar 216-014-008

»L'architecture assassiné 14/40«
»74 Aldo Rossi«
Radierung
35 x 25,5 cm
Inventar 216-014-009

Siebdruck 32/80
»Aldo Rossi 76«
Siebdruck
50 x 40 cm
Inventar 216-014-010

»Dieses ist lange her/ Ora questo è perduto 14/40«
»Aldo Rossi 75«
Radierung
36 x 51 cm
Inventar 216-014-011

Biografie

1931 Aldo Rossi wird am 3. Mai in Mailand geboren. Während des Zweiten Weltkriegs lebt er mit seiner Familie am Comer See. Er besucht zunächst die Klosterschule in Somasca, dann das erzbischöfliche Gymnasium Alessandro Volta in Lecco.

1949 Immatrikulation an der Fakultät für Architektur am Polytechnikum in Mailand.

1955 Arbeitet unter Ernesto Nathan Rogers in der Redaktion der *Casabella Continuità*, bis die Zeitschrift 1964 eingestellt wird.

1956 Zunächst bei Ignazio Gardella und später bei Marco Zanuso tätig. Wirkt unter anderem an der Ausstellung *Pioniere der Aeronautik* mit.

1959 Rossi erhält sein Diplom am Polytechnikum in Mailand, arbeitet für die *Società* und wird Mitglied der Redaktion von *Il Contemporaneo*.

1961 Einladung an die Deutsche Bauakademie in Ostberlin durch deren Direktor Hans Schmidt. Intensive Beschäftigung mit dem Werk Karl Friedrich Schinkels und Hermann Henselmanns.

1963 Beginn seiner Lehrtätigkeit als Assistent von Ludovico Quaroni an der Schule für Urbanistik in Arezzo und von Carlo Aymonino an der Fakultät für Architektur in Venedig.

1965 Dozent am Polytechnikum in Mailand bis 1972. Reise nach Spanien, arbeitet dort mit Salvador Tarragó Cid zusammen und setzt sich mit der katalanischen Architektur auseinander. Es entstehen der Rathausplatz und das Partisanen-Denkmal in Segrate.

1966 Veröffentlichung seines Traktats *Architettura della città*, mit dem er sich als Architekturtheoretiker einen Namen macht.

1970 Gewinnt das Auswahlverfahren um den Lehrstuhl für Denkmalschutz in Palermo. Wohnhauskomplex im Quartier Gallaratese in Mailand (bis 1973).

1971 Kritische Schriften bringen Rossi eine politische Relegation vom Mailänder Polytechnikum ein. Zusammen mit Gianni Braghieri gewinnt er den nationalen Wettbewerb für den Friedhof von San Cataldo bei Modena. Reist mit Braghieri nach Griechenland und in die Türkei.

1972 Berufung als Gastprofessor an die Eidgenössische Technische Hochschule Zürich, wo er bis 1974 lehrt.

1973 Rossi übernimmt die Leitung der Internationalen Architekturabteilung an der XV. Triennale von Mailand und dreht den Film *Ornamento e Delitto*.

1975 Professur am Architekturinstitut der Universität Venedig.

Aldo Rossi vor dem Hotel Il Palazzo in Fukuoka, Japan (Anfang der 1990er Jahre)

1976 Direktor des Internationalen Seminars von Santiago de Compostela. Beginn der Lehrtätigkeit in den USA an der Cornell University of Ithaca und an der Cooper Union for the Advancement of Science and Art in New York. Rossi stellt die Collage *La città analoga* auf der Biennale von Venedig aus.

1978 Studienseminar in Buenos Aires. Reise nach Brasilien. Enge Zusammenarbeit mit dem Institute for Architecture and Urban Studies in New York.

1979 Mitglied der Akademie von San Luca. In Zusammenarbeit mit Braghieri entstehen das Teatro del Mondo in Venedig und die Schule in Broni.

1980 Einladungen nach Hongkong und China sowie als Professor für Entwurf an die Yale University, New Haven.

1981 Erster Preis im geladenen Wettbewerb der IBA für die südliche Friedrichstadt Block 10 in Berlin. Veröffentlichung von *A Scientific Autobiography*.

1983 Direktor der Architektur-Biennale in Venedig. Professor an der Harvard University. Ehrenmitglied des BDA.

1984 Gastdozent an verschiedenen japanischen Hochschulen und kulturellen Institutionen. Erster Preis im Wettbewerb für das Teatro Carlo Felice in Genua.

Aldo Rossi in seinem Studio in der Via Maddalena in Mailand 1988

Aldo Rossi in seinem Studio in der Via Santa Maria alla Porta in Mailand 1991

1986 Gründet zusammen mit Morris Adjmi ein Büro in New York. Organisation der Ausstellung *Hendrik Petrus Berlage* innerhalb der Biennale von Venedig. Die Galleria Albertina in Turin widmet Rossi die Ausstellung *Disegni di architettura*.

1987 Gründet zusammen mit Umberto Barbieri ein Büro in Den Haag. Stellt als erster italienischer Architekt in Moskau aus. Erster Preis im internationalen Wettbewerb um die Wohnanlage La Villette in Paris.

1988 Ehrenmitglied des American Institute of Architects. Erster Preis im Wettbewerb für das Deutsche Historische Museum in Berlin.

1989 Gründet zusammen mit Toyota Horiguchi ein Büro in Tokio. Beginn der Zusammenarbeit mit Alessi und Unifor im Bereich Design.

1990 Verleihung des Pritzker Architecture Prize. Baubeginn des Bonnefantenmuseums in Maastricht (bis 1994).

1991 Auszeichnung mit dem AIA Honor Award.

1992 Verleihung der 1991 Thomas Jefferson Medal in Architecture und des Architekturpreises Campione d'Italia nel mondo. Bau des Wohn- und Bürogebäudes in der Schützenstraße, Berlin.

1993 Präsentation von Rossis Gesamtwerk in der Berlinischen Galerie in Berlin und im Museum für zeitgenössische Kunst in Gent, Belgien.

1994 Einladung zu den Wettbewerben für die Neugestaltung des Souk in Beirut und für den Bau eines neuen Kontrollturms für den Flughafen in Stockholm.

1996 Ehrenmitglied der American Academy of Arts and Letters in New York.

1997 Rossi stirbt am 4. September in Mailand an den Folgen eines Autounfalls.

1999 Mit der posthumen Verleihung des Premio Torre Guinigi werden seine urbanen Studien gewürdigt.

Autoren

Morris Adjmi lernte Aldo Rossi 1980 während seines Studiums am Institute for Architecture and Urban Studies kennen und arbeitete mit ihm bis zu dessen Tod 1997 zusammen. Adjmis Karriere als Architekt begann 1981 mit dem Bau des Modells für das Wohn- und Geschäftshaus Wilhelmstraße/Kochstraße in Berlin, danach arbeitete er in Rossis Mailänder Büro. 1986 eröffneten er und Rossi ein gemeinsames Büro in New York. Zu ihren Projekten gehören das Hotel Il Palazzo in Fukuoka, Arbeiten für die Walt Disney Company und das Scholastic Building in SoHo, New York. Adjmi ist zurzeit Partner des Architekturbüros MAP mit Sitz in New York City.

Alberto Alessi, 1946 in Arona (Novara) geboren, in der dritten Generation geschäftsführender Direktor der Firma Alessi Spa. Seit 1970 pflegt er weltweite Kontakte zu Designern und Architekten. Unter seiner Regie wurde ›Alessi‹ zu einem der wichtigsten Namen im Bereich des internationalen Designs. Er arbeitet mit internationalen Zeitschriftenverlagen zusammen und veröffentlicht zahlreiche Artikel und Publikationen zum Thema Design. Darüber hinaus hat er mehrere Gastprofessuren an diversen Designhochschulen. 1998 erhielt er vom Brooklyn Museum of Art den Designpreis für sein Lebenswerk.

Carlo Aymonino, 1926 in Rom geboren, schloss sein Architekturstudium 1950 in Rom ab. Seit 1967 ist er ordentlicher Professor für Entwurfslehre. Er unterrichtete in Rom sowie in Venedig und unterhält in beiden Städten Architekturbüros. Zu seinen wichtigsten Bauten gehören der Justiz-Palast von Brindisi (1961), der Monte-Amiata-Komplex im Quartier Gallaratese in Mailand (1967–1972), ein Gymnasium und eine technische Berufsschule in Pesaro (1973–1984). Zudem entwarf er zahlreiche urbanistische Planungen, unter anderem für Turin, Florenz und Reggio Emilia. Mit zahlreichen Zeitschriften- und Buchpublikationen, darunter *Origine e sviluppo della città moderna* (1965) und *Progettare Roma Capitale* (1990), leistete er einen wichtigen Beitrag zur Architekturdiskussion in Italien.

Gianni Braghieri 1945 in Villa d'Adda (Provinz Bergamo) geboren. Nach Abschluss seines Architekturstudiums in Mailand 1970 war er bis 1986 Partner von Aldo Rossi und verantwortlich für wichtige Arbeiten, darunter die Erweiterung des Friedhofs von Modena (1971–1978), die Bauten in der Wilhelmstraße (1981) und in der Rauchstraße (1983) in Berlin, das Bürogebäude Casa Aurora für den GFT in Turin (1984), das Torri-Zentrum in Parma (1985–1988). Von 1986 bis 1999 lehrte er als ordentlicher Professor für Architektur und Baugestaltung an der Universität Palermo, am Polytechnikum in Mailand und an der Universität Bologna. Dort ist er seit 1999 Dekan der Fakultät für Architektur. Braghieri nahm an zahlreichen internationalen Architekturwettbewerben teil und war bis 1999 als Architekt tätig.

Marco Brandolisio (1957 in Triest geboren), **Giovanni da Pozzo** (1959 in Mailand geboren), **Massimo Scheurer** (1959 in Bellinzona/Schweiz geboren) und **Michele Tadini** (1969 in Locarno/Schweiz geboren) gründeten 1997 das Architekturbüro **Studio di Architettura Aldo Rossi Associati** in Mailand. Alle vier Architekten haben ihre berufliche Entwicklung ab 1982 im Büro von Aldo Rossi erfahren und wurden im Laufe der Zeit zu engsten Mitarbeitern Rossis. In seinem Auftrag haben sie als Projektleiter zahlreiche Bauten in Italien und im Ausland betreut und ausgeführt. Zusammen mit Rossi nahmen sie an vielen Wettbewerben teil. Seit seiner Gründung hat das Architekturbüro ARA viele öffentliche und private Bauwerke im In- und Ausland geplant und realisiert. Dabei wurde die theoretische Arbeit im Sinne der Kontinuität zwischen Gebäude und Stadt oder Gebiet und rationalen Prinzipien des Bauens vertieft.

Kurt W. Forster, 1935 in Zürich geboren, studierte Kunst- und Architekturgeschichte, Archäologie und Literaturgeschichte in Deutschland, England und der Schweiz. Seit 1960 unterrichtete er an den Universitäten Yale, Stanford, der University of California in Berkeley, am Massachusetts Institute of Technology und an der Eidgenössischen Technischen Hochschule Zürich. Seit 2003 ist er Gropius-Professor an der Bauhaus-Universität in Weimar. Forster war Direktor des Schweizerischen Instituts in Rom, Gründungsdirektor des Getty Research Institute in Los Angeles und Leiter des Canadian Centre for Architecture in Montreal. Seine Freundschaft mit Aldo Rossi festigte sich bei zahlreichen Besuchen in Mailand und führte auch zu Erwerbungen aus dem Archiv des Architekten für das Getty Research Institute und das Canadian Centre for Architecture.

Abbildungsnachweis

Toyota Horiguchi, 1955 in Tokio geboren, Abschluss am Yale College 1979 und an der Yale University School of Architecture 1981. Gastdozent an der Universität Nihon, der University of Miami und der Universität Meiji Gakuin. Derzeit außerordentlicher Professor für Umweltdesign an der Kunsthochschule von Kyoto. Seine Zusammenarbeit mit Aldo Rossi und Morris Adjmi begann 1986 als Director of Architectural Design von Studio 80 in Tokio. 1989 gründete er das Studio di Architettura – Japan. Zu seinen wichtigsten Bauten zählen: Hotel Il Palazzo, Fukuoka (1989), Hauptverwaltung Ambiente, Tokio (1989), Asaba Katsumi Design Office, Tokio (1990), Apita Tochi Einkaufszentrum, Nagoya (1991), Il Salone, Ibaraki, Osaka (1995), Hotel Il Monte, Osaka (1997) sowie das Mojiko Hotel, Kitakyushu (1998).

Vittorio Magnago Lampugnani, 1951 in Rom geboren, studierte Architektur in Rom und Stuttgart, wo er auch promoviert wurde. Redakteur der Architekturzeitschrift *Casabella* und Herausgeber von *Domus*. Lehrte an verschiedenen Hochschulen, darunter Harvard, und leitete wichtige Architekturausstellungen. Von 1990 bis 1995 Direktor des Deutschen Architektur-Museums in Frankfurt am Main. Mit seinem Buch *Die Modernität des Dauerhaften* initiierte er eine Debatte über die ›Neue Einfachheit‹ in der Architektur, die weit über Deutschlands Grenzen hinausging. Arbeitet derzeit als freier Architekt und Stadtplaner in Mailand und lehrt Geschichte des Städtebaus an der Eidgenössischen Technischen Hochschule Zürich. Mit Aldo Rossi, dessen Arbeiten er früh ausstellte und kritisch würdigte, verband ihn eine langjährige Freundschaft.

Lionello Puppi, 1931 in Belluno geboren, war von 1966 bis 1990 an der Universität Padua Professor für Architekturgeschichte und Städtebau. Von 1990 bis 1995 war er Professor für Geschichte der modernen Kunst, von 1995 bis 2002 Professor für Methodik der Kunstgeschichte an der Universität Ca' Foscari in Venedig. Als Mitglied des wissenschaftlichen Beirats des C.I.S.A. (Centro Internazionale di Studi di Architettura Andrea Palladio) seit 1970 hat er der Architektur und der zeitgenössischen Stadtentwicklung zahlreiche Beiträge gewidmet, darunter Bände über die Problematik der Stadtentwicklung zwischen dem 19. und 20. Jahrhundert sowie Monografien über Oscar Niemeyer, Roberto Burle Marx, Eladio Dieste, Santiago Calatrava. Mit Aldo Rossi führte er einen intensiven Dialog über das Erbe von Andrea Palladio, vor allem anlässlich der Veranstaltungen zu dessen 400. Todestag.

Alle nicht gesondert ausgewiesenen Abbildungen stammen aus dem Archiv des Deutschen Architektur Museums, Frankfurt am Main.

Die persönlichen Fotografien von Aldo Rossi wurden freundlicherweise vom Studio di Architettura Aldo Rossi Associati in Mailand zur Verfügung gestellt. Sie sind Teil des Archivo Eredi Aldo Rossi, dem der besondere Dank der Herausgeber gilt.

S. 19 (l. u. r.), S. 20 (l. u. r.): Alessi S.p.A., Crusinallo, Italien
S. 32, S. 34 (o. l.), S. 37, S. 38 (u. l., u. r.), S. 40: Kurt W. Forster, Weimar
S. 33: Peter Aaron
S. 36: Guido Guidi
S. 43 (o. u. u.), S. 44, S. 47: Nacasa and Partners, Inc., Tokio, Japan
S. 57: Pino Guidolotti
S. 69 (o. u. u.): Luigi Ghirri
S. 171 (l.): Axel M. Mosler, Dortmund
S. 171 (r.): Federico Brunetti, Mailand, Italien

Literatur
Auswahl

Adjmi, Morris (Hrsg.), *Aldo Rossi. Bauten und Projekte 1981–1991*, Zürich und München 1991.

Adjmi, Morris, und Bertolotto, Giovanni (Hrsg.), *Aldo Rossi: Drawings and Paintings*, New York 1993.

Aldo Rossi and 21 Works. A + U Architecture and Urbanism (Sonderheft), November 1982.

Aldo Rossi. Ausstellungskatalog Centre Georges Pompidou, Paris 1991.

Aldo Rossi. Opere recenti. Ausstellungskatalog Galleria Civica del Comune di Modena, Sezione Urbanistica del Comune di Perugia, Modena 1983.

Alessi, Alberto, *Die Traumfabrik. Alessi seit 1921*, Mailand 2002.

Braghieri, Gianni, *Aldo Rossi*. Zürich 1981.

Brusatin, Manlio, und Prandi, Alberto (Hrsg.), *Aldo Rossi Teatro del Mondo*, Venedig 1982.

Costantini, Paolo, *Luigi Ghirri – Aldo Rossi*. Katalog der Ausstellung im Canadian Centre of Architecture, Mailand 1996.

Dal Co, Francesco, *Aldo Rossi. I quaderni azzurri*, Mailand 1999.

Ferlenga, Alberto, *Aldo Rossi. Opera completa (I) 1959–1987*, Mailand 1987.

Ferlenga, Alberto, *Aldo Rossi. Tutte le opere*, Mailand 1999. (dt. *Aldo Rossi. Das Gesamtwerk*, Köln 2001.)

Geisert, Helmut, u. a., *Aldo Rossi. Architekt*, Berlin 1993.

Klotz, Heinrich (Hrsg.), *Architektur des 20. Jahrhunderts. Zeichnungen – Modelle – Möbel*. Katalog der Ausstellung im Deutschen Architektur Museum Frankfurt 3. März – 14. Mai 1989, Stuttgart 1989.

Klotz, Heinrich (Hrsg.), *Moderne und Postmoderne. Architektur der Gegenwart 1960–1980*, 2. Aufl., Braunschweig und Wiesbaden 1985, S. 242–264.

Klotz, Heinrich (Hrsg.), *Revision der Moderne. Postmoderne Architektur 1960–1980*. Katalog der Ausstellung im Deutschen Architektur Museum Frankfurt 1. Juni – 10. Oktober 1984, München 1984.

Moneo, Rafael, *Aldo Rossi: The Idea of Architecture and the Modena Cemetery*, in: Oppositions, 5, 1976, S. 1–30.

Moschini, Francesco (Hrsg.), *Aldo Rossi. Progetti e disegni 1962–1979. Projects and Drawings 1962–1979*, Rom 1979.

Olmo, Carlo (Hrsg.), *Aldo Rossi. Disegni di architettura 1967–1985*. Ausstellungskatalog. Accademia Albertina Torino, Mailand 1986.

Portoghesi, Paolo, *Aldo Rossi. Disegni 1990–1997*, Mailand 1999.

Rossi, Aldo, *L'architettura della città*. Padua 1966 (Turin 1995). (dt. *Die Architektur der Stadt*, hrsg. von Ulrich Conrads, Düsseldorf 1973; engl. *The Architecture of the City*, hrsg. von The Graham Foundation for Advanced Studies in the Fine Arts, Chicago, Illinois, und The Institute for Architecture and Urban Studies, New York 10. Auflage 1999.)

Rossi, Aldo, *»La conica« e altre caffettiere*, Crusinallo 1984.

Rossi, Aldo, *Il libro azzurro. I miei progetti*, Zürich 1981.

Rossi, Aldo, *A Scientific Autobiography*, Cambridge/Massachusetts 1981. (dt. *Wissenschaftliche Selbstbiographie*, 2. Aufl., Bern 1991.)

Rossi, Aldo, *Scritti scelti sull'architettura e la città, 1956–1972*, hrsg. von Rosaldo Bonicalzi, 2. Aufl., Turin 1978.

Rossi, Aldo, *Tessiture Sarde*. Katalog der Ausstellung im Deutschen Architektur-Museum, Frankfurt/M. 1988.

Rossi, Aldo, *Tre città. Three Cities. Perugia, Milano, Mantova*, Mailand 1983.

Rossi, Aldo, *Architettura razionale*, saggi di Ezio Bonfanti, Rosaldo Bonicalzi, Massimo Scolari, Daniele Vitale, 15. Triennale di Milano, Sezione Internazionale di Architettura, Mailand 1973.

Rossi, Aldo, u. a., *XVI. Triennale di Milano Architettura/Idea*, Florenz 1981.

Savi, Vittorio, *L'architettura di Aldo Rossi*, Mailand 1975.

Tafuri, Manfredo, *L'éphémère est éternel. Aldo Rossi a Venezia*, in: Domus, 602, 1980, S. 7–11.

The Pritzker Architecture Prize 1990 Presented to Aldo Rossi. Formal Presentation Palazzo Grassi Venice 1990, hrsg. und verlegt von Jensen & Walker, Inc., Los Angeles, Copyright 1990 The Hyatt Foundation.

Diese Publikation erschien anlässlich der Ausstellung *Aldo Rossi. Die Suche nach dem Glück. Frühe Zeichnungen und Entwürfe* im Deutschen Architektur Museum in Frankfurt am Main vom 15. August bis 9. November 2003.

Herausgeber: Annette Becker und Ingeborg Flagge
im Auftrag des Dezernats für Kultur und Freizeit,
Amt für Wissenschaft und Kunst der Stadt Frankfurt am Main,
Deutsches Architektur Museum

Ausstellung in Frankfurt am Main:
Annette Becker, Ingeborg Flagge
Assistenz: Paul Andreas, Turit Fröbe, Tanja Wagner
Übersetzungen: Lukas Janisch (aus dem Italienischen), Christiane Court (aus dem Englischen), Norma Keßler (aus dem Englischen), Heide Röhrscheid (aus dem Italienischen)
Öffentlichkeitsarbeit: Ursula Kleefisch-Jobst
Graphic Design: Studio Joachim Mildner
Modellrestaurierung: Christian Walter
Archiv: Inge Wolf
Rahmung: Valerian Wolenik
Objektfotografie: Uwe Dettmar
Reprofotografie: Ursula Seitz-Gray
Ausstellungsgrafik: conceptdesign
Ausstellungssekretariat: Inge Klietz, Inka Plechaty
Verwaltung: Jeanette Bolz, Gebhard Bork
Ausstellungsrealisation: Paolo Brunino, Enrico Hirsekorn, Marina Jahnke, Eike Laeuen, Michael Reiter, Detlef Wagner-Walter, Herbert Warmuth, Gerhard Winkler

© Prestel Verlag, München · Berlin · London · New York, und die Autoren, 2003
© für die abgebildeten Werke siehe Abbildungsnachweis Seite 173

Die Deutsche Bibliothek verzeichnet diese Publikation in Die Deutsche Nationalbibliografie; detaillierte bibliografische Daten sind im Internet über http://dnb.ddb.de abrufbar.

Umschlagabbildung, Titelbild: Aldo Rossi, Die Schule in Broni
Umschlagabbildung, Rückseite (Katalogausgabe): Entwurf für ein Studentenwohnheim in Chieti
Frontispiz: Porträt Aldo Rossi, Mailand, Dezember 1995, Fotografie von Pino Guidolotti, Mailand

Prestel Verlag
Königinstraße 9
D-80539 München
Telefon +49 (89) 38 17 09-0
Telefax +49 (89) 38 17 09-35
www.prestel.de
info@prestel.de

Lektorat: Kirsten Rachowiak
Gestaltung und Herstellung: Meike Sellier
Lithografie: Reproline, München
Druck: Sellier, Freising
Bindung: Conzella, Pfarrkirchen

Gedruckt in Deutschland auf chlorfrei gebleichtem Papier.

ISBN 3-7913-2911-1 (Buchhandelsausgabe)
ISBN 3-7913-2912-X (Katalogausgabe)